Las mujeres inteligentes siempre consiguen lo que quieren

Actualidad

Biografía

Mary Hartley ha dedicado gran parte de su vida profesional a desarrollar métodos para mejorar las relaciones entre personas.

Certificada en el Instituto de Personal y Desarrollo (Chartered Institute of Personnel and Development, CIPD), es experta en comunicación asertiva, resolución de problemas interpersonales y trato con personas complicadas; ahora presenta sus mejores consejos para decirte cómo ser la mujer que puede con todo y con todos.

Mary Hartley
Las mujeres inteligentes siempre consiguen lo que quieren

Título original: *The Smart Girl's Guide to Getting What You Want*
Texto © Mary Hartley, 2014

Derechos reservados
Diseño y tipografía © Watkins Media Limited 2014
Publicado originalmente en Reino Unido y Estados Unidos en 2014 por Watkins un sello de Watkins Media Limited

Traducción: Gloria Padilla
Diseño de interiores: Luis Méndez
Diseño de portada: Alma Núñez y Miguel Ángel Chávez / Grupo Pictograma Ilustradores
Fotografía de portada: © Shutterstock

© 2023, Editorial Planeta Mexicana, S.A. de C.V.
Bajo el sello editorial BOOKET M.R.
Avenida Presidente Masarik núm. 111, Piso 2
Polanco V Sección, Miguel Hidalgo
C.P. 11560, Ciudad de México
www.planetadelibros.com.mx

Primera edición en formato epub: agosto de 2017
ISBN: 978-607-07-4267-5

Primera edición impresa en México en Booket: septiembre de 2023
ISBN: 978-607-39-0020-1

Impreso en los talleres de Litográfica Ingramex, S.A. de C.V.
Centeno núm. 162-1, colonia Granjas Esmeralda, Ciudad de México
Impreso y hecho en México – *Printed and made in Mexico*

CONTENIDO

CAPÍTULO UNO

¿Cómo es una mujer inteligente?

Una mujer inteligente es aquella que, sin importar su edad, aprendió de sus años vividos en este planeta. Aprendió que es vital establecer y desarrollar relaciones sólidas y satisfactorias en todas las áreas de la vida. Aprendió a aprovechar las oportunidades de conectarse con otras personas sin temor a expresarse y tomar la iniciativa. Acepta la responsabilidad de sus actos y palabras. Se siente cómoda consigo misma y asume riesgos, está segura de saber que si algo sale mal, la comunicación positiva puede corregirlo. Y sabe que los dones de la gracia y la confianza no los confiere una generosa hada madrina cuando nacemos, sino que son habilidades y actitudes que cada persona puede aprender y desarrollar. Descubrir formas fabulosas de comunicarse es emocionante y desafiante al mismo tiempo, es una de las maravillas de ser adulta y mejorará tu vida y tus relaciones.

¿Por qué las mujeres inteligentes son asertivas?

La asertividad es una manera de comportarse y comunicarse que se basa en la aceptación de uno mismo y de los demás. Demuestra confianza, sin ser arrogante, y autocontrol, sin intentar controlar a los otros. Si te conduces con asertividad, muestras respeto hacia ti misma y también hacia las otras personas; de hecho, respetas tanto a los demás que no estás dispuesta a entrar en juegos con ellos ni a ser condescendiente al suponer que no pueden tolerar las discrepancias y desacuerdos. Cuando actúas de manera asertiva, eres una persona abierta y sincera que no lastima ni menosprecia a los demás. Expones tus opiniones y necesidades sin colocarte como la figura principal. Este comportamiento es inteligente porque muestra un alto grado de consciencia y conocimiento de ti misma, así como una disposición a involucrarte honestamente con otras personas. Sabes que no tienes nada qué perder, y sí todo que ganar, al ser abierta y directa. No temes exponerte. Somos seres sociales y la opinión y percepciones de los otros son importantes, pero estás en una etapa de la vida en que, ya sea por tu edad, mentalidad o ambas puedes asumir la responsabilidad de ti misma. No te ves obligada a comportarte de cierto modo por temor a lo que alguien pueda pensar, ya que tienes la suficiente confianza como para serte fiel a ti misma.

Reconoces y respondes por tus sentimientos sin tratar de colocar en otros la responsabilidad o culpa de sentirlos. Ser asertiva te permite vivir una vida adulta, con todos los retos, alegrías y contradicciones que eso pueda traer. Además, puedes hacerlo con estilo.

Crees que significa ser agresiva...

Es fácil ver por qué podrías creer eso. Es frecuente que la palabra «asertivo» se utilice erróneamente para describir un comportamiento enérgico, dominante, que puede pasarse de la raya en la escala de asertividad y volverse agresivo. Examinaremos más de cerca las diferencias cruciales entre estos dos estilos de comportamiento, pero ten en mente que la conducta asertiva toma en cuenta las necesidades y posiciones de los demás, mientras que la conducta agresiva te ciega ante los sentimientos, palabras o situación de cualquier otra persona. Quien responde agresivamente no suele pensar con cuidado. Son reacciones instintivas, a veces muy sanas, como cuando gritas porque alguien intenta robar tu bolso o el alarido que no conocías en ti misma y lanzas al tratar de detener a un niño que atraviesa corriendo la calle. Eso está bien. No obstante, en la mayoría de las circunstancias, las respuestas controladas son más correctas. A veces, la línea entre asertividad y agresión es delgada, pero si te quedas del lado correcto, no se te percibirá como agresiva. Después de todo eres una mujer inteligente, no una perra abusiva.

Quieres que te quieran...

Es natural querer que la gente nos quiera. Nadie quiere ser desagradable. Nuestro deseo desde la infancia es que nos acepten y formar parte de un grupo. En cuanto a los beneficios de la amistad, con el pasar del tiempo muchos de nosotros valoramos y cuidamos cada día más de nuestros seres queridos y amigos, y no queremos hacer algo que pudiera ponerlos en riesgo. Entonces sentimos que no debemos hacer ni decir algo que, según pensamos, pudiera contradecir o molestar a alguien más, y esta percepción limita nuestra conducta. Pero expresar tu opinión de manera asertiva no alejará a la gente: te ayudará a establecer conexiones más firmes. La ansiedad de que nos quieran puede hacer que nos comportemos de maneras poco inteligentes, entonces no abrimos la boca por no ofender a alguien, portándonos como pensamos que tendremos aprobación y complaceremos a los demás, accediendo siempre a cualquier cosa que nos pidan con tal de no incomodar a alguien. Si llevas esta actitud al extremo, hasta que se convierta en un modo de vida, terminarás cediendo todo el control de tus actos y te volverás un lastre para ti misma. El temor de no agradar a los demás te privará de la capacidad para responder con franqueza e independencia, lo cual llega a ser una fuente de frustración no solo para ti, sino también para las personas con quienes tratas.

El deseo de ser amable y agradar a los demás puede ser contraproducente, ya que quizá moleste y frustre a quienes prefieren una respuesta positiva y no una comunicación superficial y tibia que resulte simplemente odiosa.

No quieres ser grosera...

¡Por supuesto que no quieres ser grosera! Las mujeres inteligentes odian ser maleducadas, desconsideradas o descorteses. Nunca se comportarían de ese modo (o si lo hacen, rápidamente se disculpan y corrigen el rumbo).

Necesitamos detenernos a pensar en el uso del término «grosero» en este contexto. Probablemente nos referimos a comportamientos irrespetuosos y socialmente inaceptables, y utilicemos la palabra en una variedad de contextos, algunos de los cuales reflejan nuestros propios puntos de vista y varias de las ideas sobre la buena conducta que recibimos cuando éramos niñas:

- *Es grosero mirar fijamente.*
- *Es grosero contradecir a los demás.*
- *Es grosero hablar con la boca llena.*
- *Es grosero abrirse paso a empujones.*

Algunos de estos ejemplos indican falta de educación o consideración hacia los demás, y es a lo que se refiere la grosería o descortesía. Pero una de estas acciones puede hacerse de manera asertiva y gentil: la segunda de la lista. *No* es grosero contradecir o estar en desacuerdo. Se puede hacer de manera grosera, si es el caso con algo que digamos, pero no lo es necesariamente. Estar en desacuerdo con alguien o señalar los errores en sus afirmaciones puede ser una respuesta apropiada y podemos decirlo sin mostrar falta de respeto hacia esa persona. También forma parte esencial de una conversación y de una discusión vivaz. Tal vez te sea útil repensar algunas de tus suposiciones sobre lo que es una conducta «grosera». La asertividad toma en consideración a las demás personas y es lo contrario de la grosería. La conducta asertiva demuestra respeto.

Te incomoda la idea de que tienes derechos...

A menudo la conducta asertiva se describe como defender tus derechos. Pues bien, este concepto es la esencia de la asertividad y es una buena descripción de la actitud básica que conforma el comportamiento asertivo. Necesitas aceptar el hecho de que tienes cualquier cantidad de derechos que puedes refrendar. Tienes derecho a pedir lo que quieres, a expresar tus sentimientos, a cambiar de opinión, a hacer una broma, a ser desagradable con alguien si eso es lo que eliges... y la lista sigue y sigue. Tienes derecho a elegir entre una diversidad de comportamientos para comunicarte.

El problema es que a veces nos sentimos incómodos con esta idea. Quizá pensamos que tiene un tono estridente. Sentimos que puede sonar un poco «agresivo», como las protagonistas de la película *Mujeres exitosas* (*Made in Dagenham*, 2010), pero sin los peinados de crepé y las faldas amplias (no decimos que sea un mal estilo, por el contrario). Tener derechos no quiere decir reclamarlos en forma vigorosa y a gritos en todos los casos. Lo que *sí* significa es que tienes una base de seguridad que te permite tomar buenas decisiones sobre cómo comportarte.

Si la palabra «derecho» te causa incomodidad, modifícala un poco y dite:

- *Ahora soy adulta y puedo decir esto.*
- *Está bien sentirme así y está bien expresar estos sentimientos.*
- *De hecho es correcto valorar mis opiniones, mis necesidades y mis juicios.*

Otra manera de pensar que puede resultarte útil es referirte al contexto en que ejerces tu «derecho» a expresarte y comportarte de una forma específica:

- *Una buena amistad se distingue por señalar cuando algo está mal.*
- *Una buena profesional se distingue por ser capaz de rechazar o hacer peticiones relacionadas con el trabajo.*
- *Una persona emocionalmente sana se distingue por saber expresar su enojo.*

Sin importar qué pienses o sientas, está bien. Tus opiniones son tuyas, eliges compartirlas o no. Es posible que otras personas no coincidan con ellas o que les resulten difíciles de entender. Eso está bien. Tienen derecho a sus propias ideas y sentimientos, de igual manera que tú tienes derecho a los tuyos. En el mundo adulto somos capaces de manejar las diferencias. ¿Estás obligada a justificar tus sentimientos u opiniones? No. No tienes qué. Puedes elegir hacerlo, pero eso depende por completo de ti.

Lo que una mujer inteligente nunca jamás olvida es que todos los demás también tienen esos derechos.

Piensas que no tiene caso...

Ya conoces esa sensación. Nos decimos que no tiene sentido decir algo porque nadie te escuchará o nada cambiará. Pensamos en todo el esfuerzo implicado en desarrollar nuevas formas de comportarnos y decidimos que simplemente no vale la pena. Es demasiada complicación y de todos modos no conducirá a ningún cambio. Esto es como una especie de pretexto. Al convencernos de que será una medida inútil cambiar la manera en que abordemos a una persona o situación, permitimos caer en patrones de conducta improductivos y personalmente dañinos. También estás haciendo suposiciones sobre cómo reaccionarán las otras personas sin darles oportunidad de adaptarse a una situación diferente. *Sí* vale la pena hacer el intento. *Sí* vale la pena darle oportunidad a la gente que te rodea de ver una situación a través de nuevos ojos y beneficiarse con un diálogo positivo. *Sí* vale la pena hacer el esfuerzo por mejorar la calidad de tu comunicación y de tus relaciones, y sentirte bien contigo.

Piensas que no tendrías que decir nada...

Nos mantenemos firmes en la idea, aunque la lógica nos dice que es ridícula, de que la gente debería saber lo que pensamos y queremos sin tener que decírselos. Si bien es cierto que en las relaciones estrechas e íntimas a veces podemos "leerle la mente al otro" y pronosticar sus reacciones y comportamientos, eso no quiere decir que estemos justificadas en sentirnos indignadas y ofendidas cuando las cosas no funcionan de ese modo. Quizá todos deberían saber que cuando decimos *sí*, en realidad queremos decir *no*, que no estamos contentas con una sugerencia o que estamos enojadas. Quizá deberían, pero no lo hacen. Tal vez no fuera necesario decir las cosas, pero si decidimos hacerlo, por lo menos no habría posibilidad de malentendidos.

Supón que habrá consecuencias negativas...

Te preocupa cómo reaccionará la gente y siempre anticipas el peor resultado. Todo el tiempo tienes miedo: si digo esto, perderé el trabajo; esta persona nunca volverá a hablarme; se reirán de mí; aquella persona estará muy enojada; nunca podré regresar de nuevo a este sitio; se acabará el mundo, y así sucesivamente. Este es un patrón de pensamiento que se vuelve un hábito, pero es un hábito que puedes romper.

Piensas que es poco femenino...

Esto es algo que debemos dejar en claro de una vez por todas. ¿Desde cuándo ha sido poco femenino comportarse de manera cortés, franca, agradable y apropiada? ¿Es poco femenino demostrar empatía? ¿Demostrar consideración? ¿Platicar y bromear? ¿Defender tu posición cuando alguien se mete contigo? ¿Pedir un aumento de sueldo? ¡¿Qué imagen tienes de la femineidad?!

Hubo una época, hace mucho tiempo, en que a las mujeres se les desalentaba de expresar sus sentimientos, de competir en el lugar de trabajo, de ser otra cosa que no fuera convertirse en encargadas del cuidado y crianza de los hijos. Se esperaba que fuéramos «dulces, vivaces y delicadas como las flores».

Pero ahora sabemos que no es así. Sabemos que la femineidad *no* se refiere a ser obediente e indefensa. Sabemos que *no* se refiere a tener miedo de expresarse. Sabemos que *sí* tiene todo que ver con tener confianza en nosotras mismas. Es muy posible que descubras que aquellos que dicen que la asertividad es poco femenina son quienes se sienten amenazados por tu presencia adulta y buscan maneras de socavarte.

No sabes cómo hacerlo...

Tal vez sientes que quieres manejar las situaciones en forma diferente, pero no sabes qué decir. Te gustaría expresarte con mayor claridad y sinceridad, pero no encuentras las palabras correctas. Quieres sonar como alguien que tiene autoridad, pero terminas sonando brusca. Quieres sonar enojada y terminas pareciendo chillona y malhumorada. Abres la boca para decir que no y te descubres accediendo a todo.

Comportarte de manera asertiva es una habilidad que puedes aprender. No es fácil ni automático. Hubo un tiempo, cuando eras muy muy joven, en que no necesitabas pensar en ello ni tenías problema en dejar que la gente se enterara de que estabas molesta, hambrienta o feliz. Con el transcurso del tiempo, la socialización cobra mucha importancia y nuestras respuestas instintivas se vuelven más controladas y complejas. Eso es bueno, pero no quiere decir que no tengamos que hacer un esfuerzo consciente por expresarnos en forma apropiada, lo cual implica el desarrollo de nuevas actitudes y el aprendizaje de técnicas específicas. Pero, aun así, no resulta fácil. Necesitamos practicarlo y posiblemente equivocarnos de vez en cuando, para después levantarnos y empezar de nuevo. La interacción humana es compleja, asombrosa y sorprendente, y no hay garantía de que siempre lo haremos bien. Pero el esfuerzo continuo por hacer lo mejor posible es un proceso desafiante y gratificante que nunca termina.

¿Por qué vale la pena desarrollar un enfoque asertivo?

Alcanzarás mejores relaciones en todas las áreas de tu vida. Aumentarán tu confianza y autoestima y te sentirás realmente bien contigo misma. Esto no será porque siempre te salgas con la tuya —la asertividad no se refiere a ganar— sino porque cuando te comportas con integridad y consideración, las otras personas te tratan con agrado y respeto. Muchas veces no se trata de los grandes problemas que nos preocupan, sino de las situaciones comunes y diarias que no manejamos con tanta confianza y eficacia como nos gustaría. Quieres ser capaz de decir que no cuando tu mejor amiga te pide prestada tu nueva blusa, cuando tu hijo quiere usar tu automóvil o tu hija quiere que cuides a sus hijos por tercera vez esta semana. Desearías saber qué responderle a tu jefe cuando te pide trabajo adicional que no quieres hacer. Te gustaría poder decirle a la persona que decoró tu cocina que hizo un mal trabajo con la pintura. Te gustaría poder decirle a ese señor que vive al otro lado de la calle, y con quien nunca has cruzado palabra, que te encanta cómo arregló su jardín, en lugar de solo pensarlo, y te hubieras sentido tan bien si hubieras tenido el valor de sugerir una invitación al café a esa interesante mujer que conociste en la reunión de recaudación de fondos. Te encantaría poder decir que este año no quieres salir de vacaciones con la familia. Ah, y te encantaría poder decirle algo a esas personas cuya plática en el cine te arruinó la película…

Son las pequeñas cosas que se van sumando. Las pequeñas cosas que no manejas bien y se acumulan para que, a fin de cuentas, termines viviendo una vida menos confiada, incluyente, vigorosa y divertida de lo que tendría que ser. ¡Eres una mujer inteligente. Vales más que eso!

Estas son algunas de las cosas que podrás hacer:

- Decir que no a las cosas que no quieres hacer.
- Pedir lo que quieres.
- Iniciar conversaciones.
- Llevar la amistad un paso más allá.
- Recibir críticas sin sentirte molesta (¡por lo menos no demasiado!).
- Expresar críticas hacia otras personas sin destrozar la relación.
- Decir cosas agradables a la gente sin sonar hipócrita.
- Ser cortés cuando la gente te dice cosas agradables.
- Estar en desacuerdo sin ser agresiva o tan tímida que no te tomen en cuenta.
- Saber cuándo hablar y cuándo callarte.
- Enfrentar humillaciones.
- Disculparte de manera apropiada.

¿No quisieras que una persona así fuera tu mejor amiga? ¿No es alguien con quien te gustaría trabajar o quisieras que fuera tu jefa? ¿Alguien a quien te encantaría incluir en tu familia? ¿Alguien en quien confíes y cuya compañía disfrutes? Por supuesto que sí. Esta persona no solo es asertiva: es una diosa. Y *tú* también puedes serlo.

CAPÍTULO DOS

La aplanadora, el pelele, la víbora... y la estrella

Diferentes estilos de comportamiento

Muchas personas exhibimos patrones de comportamiento que son predecibles y consistentes. Es probable que entre tus conocidos encuentres alguien que siempre se está quejando, alguien que nunca toma decisiones o alguien que pone en duda cualquier cosa que se diga.

Imagina la siguiente situación:

Saliste a comer con un grupo de amigas y el servicio es malo. Todas están molestas por ello.

- Una de las integrantes del grupo siente que le gustaría quejarse, pero no quiere causar un escándalo.
- Otra le dice al mesero que si eso es lo mejor que puede hacer, sería conveniente que se consiguiera otro empleo.
- Otra sonríe dulcemente al mesero, le dice que no hay ningún problema y decide cobrársela con el establecimiento subiendo una mala reseña a internet.

Ahora imagina esto:

Alguien del trabajo o de un grupo social expresa puntos de vista que resultan ofensivos para los demás.

- Una mujer del grupo se ríe indecisa.
- Otra le dice que se calle.
- Otra más asiente y sonríe como si coincidiera, y luego habla mal de esa persona a sus espaldas.

¿Reconoces estos patrones? Quizás identifiques a amigos y miembros de tu familia que probablemente responderían así.

Quizá te reconozcas a ti misma.

Estos tipos de conducta no son correctos o incorrectos en sí mismos. Si la forma en que te comportas representa cómo quieres ser, esa es tu decisión. Pero si quisieras responder de otro modo, es útil comenzar a reconocer cualquier patrón que hayas desarrollado y encontrar las maneras de alterar tu reacción automática, para que aprendas a decir lo que realmente te gustaría decir, y a decirlo de una forma que te haga sentir bien y no dañe a los demás. Hablar de un modo diferente te parecerá raro al principio, pero cuando te acostumbres, te encantará tu nueva voz confiable.

La aplanadora

¿Reconoces a esta persona?

Aquí tenemos al individuo cuya conducta agresiva frecuentemente te intimida, la persona a quien desearías poder enfrentarte, pero sientes que no tienes la confianza ni la destreza para lidiar con ella.

Utiliza las siguientes descripciones para ayudarte a reconocer y comprender este patrón de conducta. El reconocimiento y la comprensión te darán una base sólida para desarrollar estrategias eficientes que te permitan lidiar con las personas prepotentes. Alguien que se comporta como aplanadora podría describirse con algunos de los siguientes calificativos:

- Impaciente
- Pendenciero
- Le gusta decir a los demás lo que deben hacer
- Hostil
- Explosivo
- Insensible
- Siempre tiene la razón
- Sarcástico
- Prepotente
- Pone a la gente en situaciones incómodas

¿Cómo es este comportamiento?

La gente que se comporta de ese modo enérgico y agresivo quiere salirse con la suya sin importar lo que otros puedan pensar, hacer o decir. Transmiten el mensaje de que sus necesidades son más importantes que las de los demás. Su conducta muestra falta de respeto por los otros. En el peor de los casos, esta persona puede dar la impresión de ser un tanto abusiva.

Nancy Sinatra, la encantadora hija del fabuloso Frank, cantaba aquella memorable canción que decía que uno de estos días sus botas te pasarían por encima. La hacía parecer sexy y firme, pero cuando tú eres la persona sobre quien pasan esas botas no es tan encantador.

Sin embargo, puedes lidiar con ello; sí, realmente puedes. Lo primero que debes hacer es reconocer ese patrón de comportamiento. Respira profundamente, da un paso atrás y observa si alguno de los siguientes ejemplos te resulta familiar.

Presionan para salirse con la suya

Para estas personas, el resultado correcto es aquel que quieren y están dispuestas a todo por conseguirlo. Esto puede significar que te presionen y fastidien hasta que cedas. Sabes cómo se siente cuando estás demasiado agotada como para seguir discutiendo y accedes a cualquier cosa para quitarte a alguien de encima.

A veces, las aplanadoras usan amenazas y declaran o dejan implícito que más te vale acceder a sus demandas. Si no estás de acuerdo, pasan por alto tus deseos y siguen adelante con lo que quieren hacer. No dejan pasar nada. Ganar es lo único que importa, así que se aseguran de tener siempre la última palabra y no dejan ninguna duda de quién salió triunfante.

Expresión distintiva: **Si no les parece, tendrán que acostumbrarse.**

Son inflexibles

Las aplanadoras dan la impresión de que la negociación y los convenios no están en su vocabulario. Ven las cosas en blanco y negro, y saben de qué lado están. Para ellos solo existen ganadores y perdedores, y cualquier concesión es señal de debilidad. Atacan y socavan los puntos de vista alternativos y consideran que los intentos de los demás por discutir o hablar las cosas son invitaciones a pelear. Son los únicos a quienes se permite tener la razón.

Expresión distintiva: **Si no te gusta, ahí está la puerta.**

No escuchan

Debido a que sus planes son obtener lo que quieren, no les interesan las perspectivas o sentimientos de otras personas. Es posible que finjan escuchar, pero su atención está en otra parte. A menudo quitan la palabra y hablan al mismo tiempo que el otro.

Expresión distintiva: **Sí, sí, como sea.**

Utilizan el sarcasmo y el menosprecio como medios de control

No hay nada divertido ni bien intencionado en su uso de estas tácticas. No estamos hablando de las burlas y bromas que se hacen entre amigos, sino de comentarios cuya intención es lastimar y demostrar la superioridad de alguien al menospreciar a otros.

Expresión distintiva: **Bueno, eso es lo que tú dices.**

Presentan opiniones como si fueran hechos innegables

Las aplanadoras creen tener la razón, así que declaran de manera definitiva que «¡Eso es una estupidez!» o «¡Eso nunca va a funcionar!».
No se consideran obstinados, sino que creen tener la razón.

Expresión distintiva: **¡Qué cosa más ridícula estás diciendo!**

Utilizan las palabras como instrumento contundente

A veces, las aplanadoras gritan o hablan en voz muy alta, y a veces
hablan muy bajito para sonar un poco amenazantes y que los demás
tengan que esforzarse en escucharlos. Interrumpen las conversaciones y hablan al mismo tiempo que los otros sin tomar en cuenta las
circunstancias, lo más importante es que se les escuche. Su tono es
duro y estridente, y no lo modulan para adecuarlo a la situación.

Lenguaje corporal agresivo

Puedes ver esta actitud en el modo de caminar de la gente. Marchan de
manera decidida con un aire de estar preparados para empujar a cualquiera y quitarlo de su camino. Sus ademanes son bruscos y enérgicos,
con dedos que apuntan y puños que se aprietan amenazantes. Se apro-
pian del espacio de una manera que intimida y denigra a los demás.
Acaparan más espacio del que les corresponde en una habitación.

¿Has sido testigo cuando alguien pone sus bolsas y pertenencias en
el asiento vacío a su lado e ignora las indicaciones de otras personas
que necesitan el asiento? Eso parecería ser simplemente una conducta desconsiderada, pero con frecuencia es una estrategia agresiva en la
que los artículos esparcidos por todas partes representan un desafío
mudo a cualquiera que quisiera utilizar el espacio invadido.

Existen varias posturas con las que las aplanadoras enfatizan su superioridad, como erguirse cuando alguien está sentado, o imponer su
estatura sobre los demás. Es posible que se acerquen demasiado a la
gente o que se inclinen sobre o al lado de ellos.

Usan el contacto visual para desconcertar a otros. Miran fijamente a alguien para provocarle incomodidad y nunca son los primeros en desviar la mirada.

¿Por qué las personas se comportan así?

No son malas personas. No siempre. Quizá la imagen de la vestimenta poderosa de los años ochenta se les subió a la cabeza o, en cualquier caso, a los hombros. ¿Recuerdas esas chaquetas enormes con hombreras que parecían del futbol americano y que prácticamente entraban a la habitación antes que tú, junto con el enorme peinado, arreglado y embadurnado de *mousse* para que tu cabeza pareciera seis veces más grande que tu cuerpo?

La conducta de la aplanadora indica una afinidad con algunas actitudes de esa década, como cuando Michael Douglas, en el papel de Gordon Gekko, en la película *El poder y la avaricia* (*Wall Street*,1987), proclamaba que «la avaricia es buena» y «el desayuno es para cobardes», y Madonna nos mostró a todas cómo ser chicas materiales.

Posiblemente las personas que se comportan de manera agresiva no sean capaces o no hayan aprendido a controlar sus instintos automáticos. Puede ser que sus experiencias tempranas les hayan enseñado que la mejor defensa es el ataque. Quizá se sienten inseguras y comportarse agresivamente sea la única manera que se les ocurre para prevenir que los demás se den cuenta de ello. O, tal vez, solo entendieron mal las cosas; quieren ser enérgicas y lo que transmiten es hostilidad.

A todos nos puede pasar. Intentamos parecer firmes al hacer una pregunta y sonamos como alguien de la Santa Inquisición. Hacemos lo que pretendíamos que fuera una broma y suena a comentario malicioso. No queremos ser desagradables, simplemente es que la falta de habilidad y control provocó que manejáramos mal nuestra comunicación.

En ocasiones, el tiempo y el lugar pueden tener influencia negativa en nuestra conducta. Bien sabes que, en ciertas situaciones, todos podemos ser la peor persona. Es posible que ciertas circunstancias hagan surgir el modo de ataque: una copa o dos de más, sentirse cansado e irritable, estar enojado y alterado por algo. Eso ocurre con facilidad.

El problema es que a veces un abordaje agresivo se considera como la mejor forma de lograr resultados. Existen beneficios a corto plazo cuando se detecta que esa clase de gente tiene éxito y son ganadores que consiguen lo que quieren. Es posible que se les vea con admiración o cierto tipo de respeto intranquilo. Nadie los contradice ni les causa dificultades, simplemente porque provocan cierto miedo, recelo o intimidación.

¿Qué pierden las aplanadoras?

Esta no es una actitud ganadora. Podrías pensar que las personas que son muy impositivas salen ganando, pero no es así. Cualquier ganancia obtenida por su conducta agresiva es superficial y breve. Este enfoque no conduce a buenas relaciones, daña las existentes e impide que las personas desarrollen conexiones positivas.

Las aplanadoras provocan enemistad y hacen que la gente se aleje, lo cual causa que se separen y aíslen en el proceso. Cuando todo se refiere a ti y nunca a nadie más, las personan se mantienen a raya y te pierden el respeto. Y, al final, las aplanadoras también pierden el respeto por ellas mismas.

Protagonista

El personaje de Miranda Priestly en la película *El diablo viste a la moda* (*The Devils Wears Prada*, 2006), poderosa e implacable, somete a su joven asistente a acoso emocional y psicológico.

El pelele

¿Reconoces a esta persona?

Podrías ver que tu propio comportamiento cae dentro de esta categoría. Quizá te sientas incómoda e incapaz de lidiar con personas que te parecen más poderosas e importantes que tú, individuos ante quienes sientes que no puedes replicarles o hacerles frente.

Tal vez has caído en un patrón de acceder y aceptar cosas que no te gustan y sientes que no puedes responder de otro modo. Créeme, puedes romper este patrón. Examina las siguientes descripciones y piensa qué te gustaría cambiar, porque realmente *puedes hacerlo*.

A alguien que se comporta como pelele se le describiría en alguna de estas formas:

- Le desagradan el conflicto o las situaciones incómodas.
- Tiende a estar de acuerdo siempre.
- Piensa que no tiene caso agitar las aguas.
- Le resulta más fácil acceder.
- Cree que es importante ser agradable.
- Le gusta ser útil para los demás.
- Le gusta que la quieran.
- Tiene dificultad para decir que no.
- Haría cualquier cosa por una vida tranquila.
- Cree que es mejor callarse que decir algo que pudiera incomodar a alguien.

¿Cómo es este comportamiento?

¡Oh, vaya! La palabra «pelele» es un poco cruel, ¿no te parece? Suena como el título de una película en la que el protagonista pasa por un montón de graciosas metidas de pata. Implica a alguien que es fácilmente persuadido, y a quien obligan a hacer cosas que no quiere. Pero mi crueldad tiene una finalidad positiva, porque es muy importante no dejarte doblegar por la conducta manipuladora y enfática de otras personas.

De hecho, ni siquiera necesitan ser especialmente enfáticos, el empujón más leve te tumba al piso y accedes a cualquier cosa que se te diga, incapaz de expresar tus sentimientos y opiniones, y permites que alguien más asuma el control y tome las decisiones, poniéndote en último lugar e imaginando que la mejor manera de salir del problema y mantener la paz es doblar la cabeza y permitir que los demás se salgan con la suya. Más te valdría salir a la calle con un anuncio en tu espalda que diga «¡Patéame!».

Son declaraciones muy duras pero, querida amiga que estás a punto de dejar de ser pelele, ¡estamos hablando de las manifestaciones más extremas de esta conducta simplemente para impulsarte a que te des cuenta de ello!

Dices sí cuando en verdad quieres decir no

«Solo soy una chica que no puede decir no» es más que una canción del musical *Oklahoma*. ¿Cómo es posible que una palabra tan chiquita sea tan difícil de decir?

Accedemos a quedarnos a trabajar hasta tarde aunque tengamos planes para esa noche; consentimos en hacer tareas que no queremos ni debemos; aceptamos salir a pasear aunque tengamos un dolor de cabeza insoportable; prestamos dinero a algún amigo o a nuestros hijos porque no podemos negarnos, a pesar de que nunca nos paguen... Bueno, solo piensa en todas las situaciones en que nos encantaría decir que no.

A veces accederás a algo al mismo tiempo que estás pensando: «¿Por qué estoy haciendo esto?». Pero juzgas que es lo mejor en esas circunstancias; que es la opción más noble y adulta. Pero tu problema es que no puedes decir que no, aunque tu corazón y tu cabeza y todo lo demás de ti digan que deberías negarte.

Expresión distintiva: **No quería hacerlo, pero no puedes negarte a eso, ¿verdad?**

No dices nada cuando algo te molesta

Es posible que decidas tolerar las molestias leves de la vida, y esa es una idea muy buena. Es difícil que pase un día sin toparnos con personas que nos molestan y con situaciones que nos incomodan, y resultaría muy agotador enfrentarnos con todas y cada una de ellas.

Está bien dejar pasar las cosas que no importan, pero la gente que tiene una conducta demasiado pasiva no dice nada, aunque esté en una situación que realmente la afecta.

Se te trata de manera injusta en el trabajo; alguien se mete adelante de ti en una fila, y tú tienes prisa porque está a punto de vencerse el boleto del parquímetro; estás enojada porque tu amiga siempre llega tarde; te sientes dolida porque alguien olvida tu cumpleaños, aunque debía haberlo recordado… y no dices una palabra.

Tal vez estés lanzando chispas en tu interior, pero lo ocultas y finges que todo está bien. Si llegas a expresar tus sentimientos, es a cualquier otra persona que no sea aquella que fue responsable. Derramas tus penas en una amiga, un colega, tu familia, tu gato, tu perro; de hecho, en cualquiera que esté dispuesto a escucharte. Pero la sugerencia de que hables de la situación con la persona pertinente te llena de horror.

Expresión distintiva: **En realidad no me molesta, así que no vale la pena decir algo.**

Permites que otros tomen las decisiones

¿Sabes cómo es cuando la gente no toma decisiones? «Me da igual», dicen al enfrentarse con una decisión que puede ir desde «¿Prefieres cenar comida china, tailandesa o india?» hasta «¿Debemos mudarnos de casa?».

Está bien cuando realmente no importa, cuando la decisión es relativamente trivial o cuando de hecho prefieres que otro tome la decisión. Sin embargo, hay muchas ocasiones en que sí tenemos una preferencia, pero no podemos obligarnos a expresarla por no contradecir lo que alguien más quiere.

Lo que hacemos es dejar toda la responsabilidad en los demás, sabiendo que podemos culparlos si la decisión resulta mal. Incluso podríamos llegar a decir algo como: «Bueno, tenía mis dudas sobre la idea, pero no quise decirlo», lo cual provoca el efecto inmediato de que la gente quiera darnos una bofetada.

Expresión distintiva: **Como gustes, a mí me da igual.**

Siempre te disculpas

¡Ay, cómo nos encanta disculparnos! En *Historia de Amor* (*Love Story*, 1970), los personajes dicen que «Amor significa nunca tener que pedir perdón» (bueno, si acaso escuchaste esas palabras por encima de tus sollozos, mientras el encanto de Ali McGraw crecía con cada día que avanzaba su enfermedad). Para aquellos de nosotros que nos comportamos como peleles, la vida siempre significa pedir perdón.

Pero seamos justos: «perdón» es una palabra bastante integrada a nuestra programación comunicativa. La usamos en todo tipo de sentidos: de relleno, para interrumpir, como introducción o como escapatoria. A veces la usamos como una disculpa genuina y a veces como clave de otra cosa.

Si alguien te golpea el brazo en un sitio concurrido y provoca que derrames una bebida, bien podrías decir «perdón» al mismo tiempo que la otra persona. No es que te disculpes por estar ahí o por ser desconsiderada al darle oportunidad a alguien de tropezarse contigo: estás usando la palabra para denotar que no hay problema. A veces decimos «perdón» en lugar de «¿me permite?» cuando vamos a pasar por delante de otras personas. De modo que el término ha perdido fuerza, pero también a ti te debilita.

Cuando te disculpas cada vez que abres la boca, te estás menospreciando y reduciendo el impacto de lo que tienes que decir. Utilizas la palabra de manera tan indiscriminada que es difícil distinguir una disculpa genuina y apropiada de una petición cualquiera. Suenas como si pidieras permiso para hablar y empeoras las cosas al acumular disculpas: *perdón por molestarte, pero; de verdad, perdóname que lo diga; perdón por insistir; en serio, perdón, perdón, perdón.*

Expresión distintiva: **No voy a disculparme por no repetir la palabra: ya sabes cuál es.**

Eres incapaz de manejar las críticas: al hacerlas o recibirlas

Afrontemos la verdad, a nadie gusta que lo critiquen, aun cuando, o *especialmente* cuando, está justificado. Si estás en actitud de pelele, tiendes a interpretar cualquier comentario negativo como una agresión y no tomas en cuenta las observaciones positivas.

Si, por ejemplo, preguntas a alguien si piensa que te ves mejor con una blusa floreada que con una de franjas, sin importar la respuesta piensas: «Eso significa que la otra me hace ver gorda». Incluso el reproche más leve te llega hasta la médula. Alguien dice: «Llegaste tarde», y tú piensas: «¡Sí, llegué tarde! ¡Soy una mala persona! ¡Ni siquiera pude llegar a tiempo! ¡Soy una inútil! ¡No merezco vivir!». Cuando hay cierta verdad en un comentario negativo, lo usas para avivar y justificar tu baja autoestima.

Cuando el comentario no es cierto, o tiene poca base de realidad, de hecho piensas: «Puede ser verdad, porque después de todo soy un desastre». Y antes de darte cuenta de lo que pasa, estás atrapada en un ciclo de miseria y empiezas a exhibir la conducta negativa.

Y a veces te sientes tan inadecuada que la menor crítica o desaire provocan que quieras estallar en llanto.

Expresión distintiva: **Si no puedes decir nada agradable, mejor no digas nada.**

Susurras, no hablas

Esto es tanto en sentido físico como metafórico. La gente que quiere mantener un bajo perfil habla en tono bajo y vacilante. Es posible que se aclaren mucho la garganta y usen muletillas como «este», «o sea», «como» y «tú sabes». Su estilo vocal sugiere que no sienten tener derecho a hablar en absoluto.

Ya sabes cómo se siente cuando tienes miedo de que se te considere demasiado directa. Te andas por las ramas para explicar lo que quieres decir, para señalar una cosa determinada o pedir algo.

Tu percepción de que pedir cualquier cosa es inaceptable te lleva a expresar tus comentarios de un modo que anticipa fracaso: «No creo que quieras, pero…» y «Supongo que no…». Por supuesto que no quieres dejar la impresión de que eres estridente o demandante, pero tu modo vacilante de hablar provoca que hagas más fácil que las otras personas malentiendan tus intenciones, ya sea de verdad o deliberadamente.

Lenguaje corporal pasivo

¿Alguna vez has estado en una junta en la que la persona que preside mira alegremente a los concurrentes y dice: «¿Quién va a tomar las minutas?»»? ¿O en una sesión de cambio de imagen en la que el presentador pide una voluntaria que se quite la ropa?

La reacción común es que todos los asistentes bajen la mirada para evitar el contacto visual y reducir lo máximo posible su presencia con la esperanza de volverse invisibles.

Esta es la impresión que los peleles dan la mayor parte del tiempo: que su finalidad es pasar por la vida desapercibidos, sin tener que lidiar con las otras personas o interactuar con ellas. Así que desarrollan un modo de caminar que se asemeja más a deslizarse con sigilo o escabullirse, con la cabeza gacha y los ojos fijos en el piso, y con pasos pequeños y presurosos para llegar del punto A al punto B con la mayor rapidez y discreción posibles. En casos extremos, y si tienen posibilidad, sus ojos rara vez se despegarán del suelo, como si el contacto visual les resultara incómodo.

Este tipo de comportamiento se caracteriza por ademanes nerviosos, como juguetear con el pelo o la joyería, cubrirse la boca o tocarse la cara. A menudo se acompaña de sonrisas o risitas nerviosas para ocultar los sentimientos de vergüenza. Es muy posible que sonrías cuando quieres llorar o cuando escuchas un comentario crítico, y lo que tu sonrisa implica es: «Por favor, quiéreme».

Demuestras tu deseo de mantenerte alejada y a salvo de resto del mundo creando «barreras». Es posible que dobles los brazos o los cruces sobre tu pecho. Te sientes cómoda si hay algún objeto, como una mesa, entre tú y la otra persona. Tu bolso de mano resulta útil en esta situación. Lo dejas caer sobre tus rodillas, sobre una silla o mesa, y te sientes protegida. Das la impresión de que buscas mantener a raya al mundo.

¿Por qué las personas se comportan así?

No se debe a que seas débil o temerosa. Simplemente adoptaste un patrón de conducta que te protege, aunque no te funcione de manera positiva. Es muy posible que hayas desarrollado ese tipo de comportamiento en respuesta a los mensajes que recibiste en una etapa temprana de tu vida. Quizá se te haya aprobado o recompensado por portarte bien, lo cual generalmente se traduce en ser callada y obediente. (¿Y quién podría culpar a los padres o cuidadores por valorar una conducta fácil de manejar?)

Hay muchas historias que podríamos contar sobre los hijos de padres liberales... Lo siento, compañeras sesenteras, pero ya saben a quién me dirijo. Es posible que se te haya instado a reprimir las emociones negativas y mantenerlas en privado. Quizá tu conducta se haya moldeado en escuelas de pensamiento muy estricto y de «no causar escándalos».

A corto plazo evitas el conflicto y las desavenencias. No tienes que lidiar con los sentimientos de los demás o reconocer los propios. Tal vez tengas la reputación de ser relajada y poco propensa a hacer un lío por cualquier cosa, lo cual te hace sentir bien contigo misma.

Es posible que tu aire de indefensión provoque en los otros el deseo de protegerte. Los patrones de comportamiento que desarrollaste te envuelven tan cómodamente como lo hace un chal de lana en una noche de frío.

¿Qué pierden los peleles?

Tal vez pagues un alto precio por ser lo que piensas que es agradable. No estás dañando a nadie y les facilitas las cosas a todos. Pero has llevado a tal extremo la idea de que «no todo se refiere a ti» que *nunca* se trata de ti, y terminas siendo el tapete de todo el mundo.

Te dañas a ti misma y limitas tus oportunidades de tener una vida satisfactoria. Tu hábito de permitir que las demás personas tomen las decisiones implica que tu propia personalidad única, tu verdadero yo, se debilite y palidezca hasta que pierdes el contacto con él y apenas reconoces quién eres tú.

Si nunca tomas una decisión, expresas una opinión, te defiendes o haces cualquier cosa que pienses que pudiera contrariar a alguien, tus sentimientos y emociones existen en una especie de mundo paralelo lejano a tu presencia física. Te vuelves un fantasma, y no estamos hablando de algo romántico, al estilo Patrick Swayze.

Crees que haces felices a los demás y que estás eliminando las molestias y conflictos de las situaciones, incluso podrías llegar a pensar que la gente debería agradecerte por facilitarles la vida. Pero ¿se te ha ocurrido que puedes ser una fuente de tensión y frustración porque nunca reconoces tus preferencias?

Demuestras falta de respeto no solo hacia ti misma sino también a todos los demás; supones que son incapaces de manejar los desacuerdos o diferencias de opinión o las expresiones de sentimientos. Tu capacidad para desarrollar relaciones de apertura y confianza tiene limitaciones.

Como nunca expresas sentimientos negativos, es probable que experimentes la acumulación de frustraciones y resentimientos. Es posible que un día explotes, sorprendiendo a todos los que te rodean, y que nunca se dieron cuenta de lo que sentías, o quizá continúes reprimiendo tus emociones con el riesgo de dañar tu salud al igual que tus relaciones.

Protagonista

La narradora anónima (y eso lo dice todo) en *Rebecca*, de Daphne du Maurier: cándida, cohibida e insegura, sufre los mangoneos de su jefe, su ama de llaves y su marido.

La víbora

¿Reconoces a esta persona?

Posiblemente no reconozcas a esta persona porque su conducta es taimada y difícil de ubicar. Aquí hablamos del comportamiento manipulador que intenta infundir una falsa sensación de seguridad para que no te percates de que te tienen en sus manos. Debido a que estas personas no gritan ni son groseras, puede ser difícil detectar su agresividad. Existen muchas formas de pisotear a otras personas y hacerlas polvo sin mostrar tus intenciones, así que mantente alerta.

Utiliza las siguientes descripciones para ayudarte a identificar y, por tanto, a precaverte contra las consecuencias destructivas de esta conducta, también observa si tú misma usas alguna vez esas tácticas. No son dignas de ti.

Alguien que se comporta como víbora te mostrará algunas de las siguientes características:

- Recurren al encanto para obtener lo que quieren.
- Arruinan deliberadamente un trabajo o tarea para ganar un punto.
- Creen que la adulación funciona casi siempre.
- Tocan las fibras sensibles de los demás para obtener resultados.
- Se aseguran de salir bien librados de cualquier situación.
- Hacen promesas que no cumplen.
- Creen que es eficaz usar insinuaciones y sugerencias en lugar de ser directos.
- Cobran venganza.
- Echan la culpa a los demás.
- Le dan un giro a las situaciones para obtener ventaja.
- Meten cizaña. Hacen comentarios denigrantes disfrazados de bromas.

¿Cómo es este comportamiento?

Este tipo de persona debería portar un anuncio que diga: «Manéjese con cuidado». Este comportamiento puede describirse como manipulador y pasivo-agresivo, y estas personas son más difíciles de manejar que alguien que es francamente agresivo, pues al menos en este último reconoces que la persona es un enemigo.

Pero las víboras son enemigas ocultas que te atacan por la espalda. Pueden ser tan sutiles en sus ataques que su víctima no se percata de lo que sucede, e incluso podría considerarlos como amigos.

Las víboras tienden a salirse con la suya sin que nadie se dé cuenta de cuál es su intención; así que sus ataques están envueltos en una capa de azúcar. Se cubren con conductas atractivas: parecen cariñosas, amistosas, divertidas, serviciales y, de hecho, es posible que sean todo eso, pero solo cuando les conviene. ¿Cómo reconocemos a sus amigos? Por las huellas de puñaladas en la espalda.

La ley del hielo

Es posible que hayas sido testigo de la persona que usa el silencio en serio; un silencio tal, que ensordece a todos los que la rodean. Cuando preguntas qué pasa, obtienes un encogimiento de hombros y un brusco «nada», antes de que esa persona vuelva a callar.

Esta táctica mantiene a todos en alerta y los obliga a preocuparse por lo que pudieron haber hecho para molestarte. Es una forma de control que te pone a ti en la posición dominante.

*Expresión distintiva: **Dices más cuando no dices nada.***

Arman un show

Ah, las víboras sí que saben cómo crear todo un espectáculo. Cuando conviene a su propósito, optan por las lágrimas. Cuando una exhibición de ira logrará el resultado deseado, eligen hacer un berrinche. Los aspavientos y dar portazos los hacen a la perfección.

Las víboras tienen mucha práctica. Saben cómo parecer compasivas cuando en realidad les importa un comino, interesadas cuando están aburridas, divertidas cuando están furiosas. Fingen timidez y vulnerabilidad cuando no son nada por el estilo. Pretenden ser desenfadadas y divertidas, pero sus ocurrencias graciosas o comentarios ingeniosos disfrazan su verdadera hostilidad o su deseo de humillar a alguien.

Sin importar el disfraz que presenten, nadie puede ver que, detrás de este, su mente corre a mil por hora evaluando el efecto y planeando su siguiente movida.

*Expresión distintiva: **No, de verdad, no estoy enojada.***

Chantaje emocional

Las víboras son expertas en esto. Saben cómo lograr que la gente sienta que ha hecho algo malo. Saben qué decir y cómo comportarse para hacerte creer que las lastimaste, desilusionaste o decepcionaste, a ellas o a alguien más. Tocan las fibras sensibles, lo cual encenderá sentimientos de culpa, ineptitud y egoísmo en quienes están listos para responder de ese modo. Explotan las debilidades de los demás y manipulan sus emociones, haciéndoles sentir responsables de los sentimientos de los otros.

Expresión distintiva: **No, está bien si no puedes llevarme; solo son unos cuantos kilómetros los que tengo que caminar en la oscuridad y seguramente pronto dejará de llover.**

Usan tácticas deshonestas

En lo que se refiere al sabotaje, las personas de este tipo serían capaces de dirigir una agencia de espionaje. En lugar de decir francamente por qué no quieren hacer algo, mantienen contenta a la otra persona y luego se aseguran de escabullirse de hacerlo.

Ya te habrás topado con la persona que dice que irá a una junta, evento social o que llevará a alguien a su casa y luego, de último minuto, «¡Qué pena, querida, el coche no enciende! Y lo acaban de llevar al servicio».

Si aceptan hacer algo de manera renuente, se aseguran de que nunca se les vuelva a pedir, causando un desastre (del cual se culpará a otro) o fallando con una fecha límite (de lo cual se culpará a otro). O bien pueden simplemente «olvidarlo» y salir del problema siendo encantadores.

Expresión distintiva: **¡Ay, lo siento mucho!, no quise dejarte esperando/quemar la cena/ borrar tu trabajo.**

Meten cizaña

Este sí que es un ardid ingenioso. La víbora puede lograr que todos sientan que es su mejor amiga y no se dan cuenta de que utiliza a todos y cada uno. La víbora habla mal de los demás, a veces de manera tan sutil que quien la escucha piensa que está diciendo algo en realidad halagador. Nunca nadie podría determinar que fueron la fuente del rumor malicioso porque, después de todo, las víboras nunca son canallas con nadie, ¿no es cierto?

La víbora es muy inteligente para enemistar a la gente. Habla a espaldas de las personas y, desde su posición de control, observa el daño que causa a las relaciones.

Una voz que derrama miel...

...o que baja a un tono conspirador o a un gemido. Las víboras eligen su modo de hablar para obtener el resultado que desean. Nunca puede acusárseles de hablar sin pensar, ya que ponderan y calculan cada palabra. Si les conviene ser amigables, adoptarán un tono cálido y abierto; si planean excluir a alguien o están jugando al «divide y vencerás» se expresarán con asentimientos y ademanes cargados de significado.

Lenguaje corporal manipulador

Las personas que actúan como víboras controlan sus señales no verbales para crear efectos particulares. Las mujeres víboras pueden ser coquetas y empalagosas; a veces usan gestos y posturas infantiles y cursis para dar la impresión de ser niñitas inofensivas. Los hombres que son víboras se atienen a la coquetería.

Muchas víboras tienen una diversidad de expresiones faciales para indicar sentimientos sin tener que expresarlos verbalmente; son buenas para elevar las cejas, a menudo a espaldas de alguien, fruncirlas rápidamente o levantar los hombros de manera despectiva.

¿Por qué las personas se comportan así?

No todas las víboras son venenosas o peligrosas. Incluso hay quienes las tienen de mascotas. El comportamiento viperino no indica que la persona sea mala, sino simplemente que es alguien que hace lo que le funciona y quizás incluso no haya pensado en las alternativas. Si esto te describe, puede ser que tu autoestima sea baja y tengas una idea poco definida de quién eres.

Debido a ello, necesitas sentir que te quieren, aman y aceptan, y utilizas tácticas de manipulación para evitar la posibilidad de rechazo.

Tienes un fuerte impulso de controlar, pero lo ocultas empleando varias estrategias que te hagan parecer como una persona seductora.

Manejas la impresión que creaste para que otras personas te consideren accesible y nada amenazante, y te reflejen una imagen halagadora de ti misma. Es bonito ser popular y querido. Te sales con la tuya sin tener que involucrarte en una comunicación franca, y posiblemente difícil, y te proteges de las discusiones y situaciones desagradables.

¿Qué pierden las víboras?

Tristemente, las víboras salen perdiendo en muchos sentidos. Aunque parece que siempre dominan la situación, es probable que sus artimañas resulten contraproducentes en algún momento. Viven al filo de la navaja, siempre a punto de ser descubiertas y nunca seguras de cuándo llegará el momento en que sus víctimas finalmente adivinen las intenciones detrás de sus ardides y las desafíen a una conversación sincera. Es posible que la gente se sienta desconcertada y confundida cuando trata con una persona manipuladora y quizás evite tener que tratar con ella.

Si este tipo de comportamiento es habitual, puedes llegar al grado de estar tan fuera de contacto con tu verdadero yo y tus verdaderos sentimientos, que te resulte difícil identificarlos o expresarlos.

Tus relaciones pueden llegar a carecer de profundidad emocional y te pierdes de los placeres y satisfacciones de la interacción abierta y sincera con las demás personas. Tus técnicas y estrategias favoritas te dan un control precario de las situaciones, pero limitas tu desarrollo emocional y te aíslas de los otros.

Protagonista

El personaje de Eve Harrington en la película *La malvada* (*All about Eve*, 1950) logra entrar con engaños a la vida de Bette Davis y, al tiempo que finge ser su admiradora fervorosa, se propone destruir la carrera de Davis y robarle a su hombre.

La estrella

¿Reconoces a esta persona?

He aquí a la estrella, pero no en el sentido de la buena de la película, siempre correcta, sino por el contrario, aquella persona con quien te gustaría tratar, en quien confías y a la que respetas; la persona que *tú misma* puedes ser.

Alguien cuya conducta es asertiva podría describirse con algunas de las siguientes características:

- Buena para escuchar de manera activa.
- Empática.
- Busca soluciones.
- Confiada en sí misma.
- Feliz con su nivel de autoestima.
- Capaz de dejar que los demás sepan lo que quiere.
- Capaz de expresar emociones.
- Se respeta a sí misma y a los demás.
- Capaz de manejar los conflictos.
- Capaz de hacer críticas y decir cosas negativas.
- Capaz de enfrentar las críticas o comentarios negativos hacia ella misma.

¿Cómo es este comportamiento?

Tú eres quien elige cómo comportarse. Eso no quiere decir que nunca seas espontánea o que siempre tengas un control absoluto de tu persona: eso no sería divertido para ti ni para nadie más. Pero te das cuenta de que nadie te obliga a comportarte de un modo determinado y asumes la responsabilidad de tus propios actos.

Puedes tomar una decisión sobre si enfrentarás una situación o persona difícil, o si lo dejarás pasar. Puedes elegir si te quejarás de algo o lo ignorarás. Puedes elegir si hablarás de tus sentimientos o creencias, o si las mantendrás en privado.

El elemento importante es que esas son decisiones que se toman desde una postura de confianza, no de temor. Tienes el autoconocimiento que te permite reconocer cuando evades una situación porque te intimida, o porque has tomado una decisión genuina.

Sientes confianza en toda una variedad de situaciones que demandan diferentes niveles de conducta asertiva. Muchos nos sentimos cómodos cuando tratamos con ciertas personas, pero no somos capaces de presentar el mismo comportamiento en otras circunstancias. Podemos quejarnos sobre los artículos defectuosos en una tienda, pero cuando no nos gusta el corte de pelo que nos hicieron, asentimos y lanzamos con aprobación una sonrisita afectada, mientras la estilista nos muestra las vistas de espalda y de lado. Podemos corregir la información equivocada que da un miembro de nuestra familia, mientras en un grupo social nos quedamos callados, o al revés. Somos capaces de decirle a nuestro compañero de departamento que es su turno de sacar la basura, pero no podemos pedirle a un colega de trabajo que limpie los restos de comida que dejó tirados por ahí.

A ti, sin embargo, no te intimida nadie. Hay algunas personas y situaciones que te resultan complejas y demandantes, pero sabes expresarte de manera adecuada con cualquiera que trates.

Tu confianza, autoconocimiento y autoestima te permiten explorar toda la gama de estilos de comportamiento. Puedes ser juguetona, coqueta, insolente, manipuladora, enérgica, encantadora, impredecible, diplomática, sin comprometerte a ti misma o a los demás. Puedes divertirte como adulta.

¿Por qué eres así?

Eres así porque *quieres* serlo. Has tomado la decisión de interactuar de ese modo con los demás y tienes la suficiente confianza como para arriesgarte y exponerte ante ellos.

Quizá seas una persona afortunada que siempre tuvo un nivel sano de autoestima o que nunca ha tenido que devanarse los sesos para encontrar lo que es correcto decir o hacer. Lo más probable es que te hayas esforzado un poco en ti misma y desarrollaste el tipo de respeto propio que permite tener formas efectivas de pensar y comportarte.

¿Qué haces?

Eres proactiva

Logras que las cosas sucedan y te arriesgas. Eso significa que puedes iniciar discusiones y conversaciones, cambiar de tema y hacer sugerencias. No esperas que otros tomen la iniciativa y te das permiso de hacerlo.

Expresión distintiva: **¿Qué te parece…?/¿Qué tal si…?/¿Podemos hablar de…?**

Asumes la responsabilidad de tus sentimientos

No culpas a los demás de tus estados emocionales. A veces te sientes herida, enojada y resentida, y sientes todas las emociones incómodas que todos experimentamos, pero consideras tu respuesta emocional como tu reacción a las palabras y acciones de los otros, y no como algo que se te impuso desde el exterior.

Expresión distintiva: **«Me sentí herida cuando decidiste actuar a mis espaldas».**
(Nota la diferencia, no dices: «Me heriste cuando actuaste a mis espaldas»).

Eres franca con la gente

Tu estilo es ser directa, pero nunca es de confrontación. No te ocultas detrás de alguien más, afirmando que una decisión impopular es suya. No te quejas a espaldas de la gente sin decirles las cosas de frente. No hierves de rabia en silencio. Cuando hay algo que consideras que debes decir, encuentras un modo de decirlo que facilite las cosas, tanto para ti como para la otra persona.

Expresión distintiva: **Me gustaría hablar sobre lo que pasó ayer.**

Juzgas las situaciones y adaptas tu comportamiento

Esta es una habilidad que ilustra tu sensibilidad hacia los demás. Sabes que solo porque puedas decir algo no significa que debas decirlo. Hay algunas situaciones que se pueden manejar con el tacto más delicado y otras que requieren de todo el arsenal de tus habilidades asertivas, y puedes discriminar entre ambas. Puedes cuestionar una acción o comentario, o puedes pasarlos por alto con una sonrisa y una broma, si decides que esa es la mejor respuesta. Reconoces cuando algo te molesta en un nivel que requiere alguna acción y cuando algo es un engorro que eliges sobrellevar.

Expresión distintiva: **No vale la pena pelearnos por esto.**

Sigues adelante cuando te equivocas

Nadie es sobrehumano. Está bien no saberlo todo ni entenderlo todo. Está bien cometer errores. Te equivocas y malinterpretas las cosas, pero sabes que no puedes cambiar el pasado y que lo hecho, hecho está. Puedes aprender de tus errores y decides hacerlo bien a la siguiente.

Eres una gran comunicadora

Estableces fuertes conexiones con todas las personas en tu entorno: aquellos con los que tienes una relación más estrecha e íntima; aquellos en tu círculo más amplio de amigos y familiares; tus colegas en el trabajo o juego; aquellos con quienes compartes el vecindario; desconocidos con los que te cruzas en tu camino...

1. Como hablante

Has aprendido, y practicas constantemente, el truco para decir lo correcto. Eso significa que sin importar lo que digas, ya sea que estés involucrada en una situación profunda y significativa, estés pasando un buen rato con los amigos, poniendo una queja, regañando a alguien o haciendo un cumplido, te expresas de manera apropiada y directa, de un modo que desarrolla y mantiene relaciones positivas.

2. Como escucha

No se trata solo de transmitir lo que quieres decir, sino de escuchar a los otros de manera activa y totalmente participativa. Escuchas las palabras y lees entre líneas. Estás sintonizada con el lenguaje corporal y las señales no verbales. Das respuestas y haces preguntas que demuestran que prestas atención y que tienen el propósito de lograr la comprensión.

3. Tu voz

Tu tono habitual es regular y tranquilo. Varías tu modo de hablar de acuerdo con la ocasión. Cuando se requiere, puedes sonar firme, arrepentida, entusiasta, divertida, decidida, tierna o conciliadora. Manejas y controlas tu forma de hablar, de manera que tu voz se ajuste a las palabras e ideas que transmites. No temes pausar y no temes al silencio.

4. Tu lenguaje corporal

El hecho de que te sientas cómoda contigo misma se refleja en tu lenguaje corporal, que es relajado y seguro. Tu postura es erguida, sin ser rígida. Juzgas la distancia apropiada para mantenerla, de modo que no abrumas a los demás ni permaneces demasiado distante. Tus ademanes son abiertos y no presentan barreras, y manejas eficazmente el contacto visual.

¿Qué ganas?

Tu vida y tus relaciones se vuelven más emocionantes, más creativas y dinámicas, a medida que entras al mundo adulto de la comunicación basada en la confianza y te despides del temor, los juegos y el miedo a asumir riesgos.

Experimentas menos ansiedad. Debido a que manejas activamente tus sentimientos y relaciones, no tienes miedo y no tienes que evitar a la gente ni las situaciones. Quedó en el pasado tu tendencia a entrar a toda prisa a la tienda más cercana, con tal de no encontrarte con alguien que te causa incomodidad. No necesitas fingir que no estás en casa cuando llama tu madre, tu hija, tu exmarido o la persona que organiza a quién

43

le tocará llevar los niños a la escuela. Puedes elegir esa táctica, pero, si lo haces, no es porque no conozcas otra forma de manejar la situación.

¿Qué pierdes?

Al principio será extraño, tanto para ti como para otras personas. Aunque hayas sido infeliz con tus patrones de comportamiento, al menos te eran familiares. Si alguien está acostumbrado a que nunca discrepes, le asombrará escucharte decir tus opiniones. Si nunca pediste nada, ya sea un aumento, una salida o una taza de café, es posible que la gente se quede atónita cuando lo hagas. Tú y los demás tendrán que acostumbrarse.

Pero todos se acostumbrarán. Posiblemente a algunas personas no les gustará que seas más franca, directa y vibrante. Tal vez representes un reto para ellos, pero ya lo superarán y, si no lo hacen, ¿son las personas cuya opinión te importa? Tienes que lograr que sus problemas no se vuelvan tuyos.

Quizá necesites adaptarte a no salirte siempre con la tuya. Es posible que sepas lo que te gustaría, pero como lo cantaron tan llorosamente los Rolling Stones, no siempre obtienes lo que quieres (aunque, si lo piensas un poco, es probable que Mick y los chicos sí lo hayan logrado). Si te acostumbraste a pensar en términos de quién gana y quién pierde, cambiar a un modo de pensamiento basado en soluciones y concesiones quizá sea una especie de tortura. Pero el dolor a corto plazo se compensa en gran medida con las ganancias a largo plazo.

Protagonista

Existen muchos modelos de rol que podemos escoger de mujeres que conocemos en nuestra vida laboral y personal, de aquellas que observamos en la vida pública y de las representaciones ficticias que animan libros, canciones, escenarios y pantallas. Es posible que tú misma elijas tu propio ejemplo o que incluso hagas una lista.

De inicio, vaya aquí una sugerencia: el personaje de Dustin Hoffman en la película *Tootsie* (1982), que descubre la asertividad cuando «se convierte» en mujer. Su declaración a la mujer de la que se enamora —«Soy un mejor hombre contigo siendo mujer, que lo que alguna vez fui cuando era hombre»— es testimonio de los atributos que mejoran la vida de las mujer inteligentes.

CAPÍTULO TRES

Cómo lograr
la mentalidad correcta

Hasta este punto pensarás que todo suena muy bien y que sí, te gustaría manejar las cosas de modo diferente y te agradaría gozar de todos los beneficios de un enfoque más dinámico, pero no puedes porque:

- Simplemente no soy así.
- El problema conmigo es que soy una persona sumisa.
- Me da miedo decir las cosas.
- Soy demasiado amable.
- No puedo evitar perder los estribos cuando alguien me exaspera.
- Simplemente no puedo negarme cuando creo que alguien me necesita.
- No puedo cambiar mi manera de ser.
- En realidad soy tímida/me falta confianza/soy retraída/soy reservada.
- Soy una persona dominante; incluso ponía a mis muñecas en posición de firmes.

Algunos de nuestros rasgos de personalidad se deben a una compleja mezcla de la herencia y el contexto, y son parte integral de nuestra composición. Esto puede llevarnos a pensar que, para bien o para mal, somos lo que somos y que solo tenemos que aceptarlo. Nos ponemos la etiqueta de «tranquilos» o «comprensivos», «egocéntricos» o «inseguros», y suponemos que esa característica forma una parte tan inmutable de nosotros como el tamaño de nuestros pies o el color de nuestros ojos.

Cuando hacemos esto, descartamos la posibilidad de un cambio.

Pero hay tantas cosas que podemos cambiar. Aunque muchos aspectos de nosotros siguen iguales durante el curso de nuestras vidas, no son elementos fijos y podemos adaptarnos y evolucionar. No estamos hablando de una reinvención total, sino de alteraciones pequeñas, pero importantes, que podemos hacer en nuestro modo de pensar y actuar.

¿Cómo sabes que tú misma o alguien más es «tímido», «comprensivo» o un «buen amigo»? ¿Es porque tú lo dices? ¡Sí, claro, sabemos que eso funciona estupendamente! La jefa que afirma ser asequible, aunque ruge y lanza dentelladas a cualquiera que se atraviese en su camino antes de que se tome su primera dosis de cafeína del día, o la compañera que habla de su fuerte compromiso con el equipo y luego se lanza a alcanzar la gloria personal, o la amiga que dice sernos fiel y que… no, no entremos en ese tema. ¡Es demasiado doloroso! El hecho es que nuestra personalidad y actitud se perciben a través de nuestro modo de comportarnos, a través de lo que hacemos y decimos, y de cómo lo hacemos y decimos.

Tenemos patrones de conducta establecidos y reacciones predecibles ante la gente y las situaciones. Es posible que tengas el hábito de ser displicente cuando alguien te hace un halago o quizá siempre cedas a ciertas personas cuando te hacen peticiones a las que preferirías negarte.

En tu trabajo hay determinada persona que siempre te irrita. Te pones nerviosa y aturdida cuando tienes que lidiar con la maestra de tu hijo. Puedes comentarles a tus compañeros de trabajo que no te sientes feliz con algo, pero no hablas al respecto con el responsable.

Estos son hábitos de comportamiento. Pero te tengo una buena noticia: si quieres, puedes cambiarlos.

Piensa en tus patrones de conducta más arraigados: un recorrido cotidiano o familiar, una comida que preparas con regularidad o quizá tu viaje semanal al súper. Podría ocurrirte que al final del recorrido pienses: «¿Me detuve en todos los semáforos? ¿Tomé la avenida de un solo sentido?». ¡Sí, lo hiciste! Al terminar de cocinar, no puedes recordar haber usado todos los ingredientes, pero sí los incluiste. Cuando sacas los artículos del carrito de compras, no recuerdas haber tomado la mantequilla, pero sí, ahí está. Tu mano fue automáticamente al sitio correcto. En tales situaciones estás en piloto automático y no tienes que pensar de manera consciente en lo que estás haciendo.

Ahora imagina que ese recorrido familiar cambió: trabajas en otra parte, tus amigos y familiares se mudaron. O estás cocinando un platillo que nunca antes intentaste. O cambiaron la distribución del supermercado. En este caso tienes que pensar en lo que estás haciendo, aunque no tendrás que pensar en ello por mucho tiempo.

Antes de lo que imaginas, el nuevo comportamiento se vuelve un hábito. Antes de percatarte de ello, estás haciendo el mismo viaje sin siquiera pensarlo y podrías recorrer los pasillos del súper con una venda sobre los ojos. Este es un proceso que experimentarás una y otra vez.

De modo que puedes cambiar tu modo de comportarte. Puedes actuar de una manera diferente. Puedes decir otras palabras. Al principio te parecerá extraño y desconocido, pero se irá volviendo más fácil. Como pasa con tantas cosas, la primera vez es la más difícil.

Desarrollo de la autoestima

La autoestima y la confianza en uno mismo forman la esencia de la conducta asertiva. Estas cualidades no tienen que ver con engrandecerte o pensar que eres más importante que los demás. Más bien, reflejan el conocimiento y aceptación de uno mismo. Comportarse de manera asertiva te ayudará a aumentar tu autoconocimiento y el agrado que sientes por ti misma. Como hemos visto, la falta de confianza te puede llevar a portarte como aplanadora, pelele o víbora. El tipo de confianza del que hablamos tiene que ver con sentirte cómoda contigo misma, tener la capacidad de reconocer y celebrar tus fortalezas, y estar lista para enfrentar y desafiar las debilidades que te impiden llevar a cabo cambios positivos en tu vida.

Fortalezas importantes

¿Qué es eso? ¿Tú no tienes nada de eso? ¡Claro que lo tienes! En este contexto, lo que significa «fortaleza» es una capacidad de comportarse de un modo que te ayude a lograr tu meta. Implica tener actitudes que respalden tu meta, y tener un nivel de conocimiento y comprensión que te permita desarrollar con éxito diferentes formas de relacionarte con la gente.

Cuando trabajas en una de tus fortalezas, te sientes bien contigo misma. Te sientes confiada y cómoda. Estas son diez fortalezas importantes que se reflejan en la conducta asertiva:

- La capacidad de hablar y expresar sentimientos
- La capacidad de escuchar
- Empatía
- Tolerancia
- Flexibilidad
- Valor
- Respeto
- Resiliencia
- Amabilidad
- Mentalidad abierta

Es más que probable que hayas exhibido la mayoría, si no es que todas estas cualidades en diferentes contextos. En tus múltiples roles, sin importar cuáles sean, como madre, abuela, hija, hermana, amiga, tía, prima, vecina, compañera de trabajo, colega, conocida, empleada, jefa, lo que sea, es probable que demuestres, o hayas demostrado, estos atributos que forman parte de los cimientos del comportamiento asertivo. Reconoce y celebra las ocasiones en que comunicas estas fortalezas.

Si has hecho una de estas cosas, o algo similar, no solo has demostrado fortalezas que te ayudarán a desarrollar un comportamiento asertivo, sino que has demostrado cualidades de personalidad y carácter que te hacen valiosa. Siéntete bien por ello.

Conoce tus puntos débiles

Los puntos débiles, flaquezas y áreas vulnerables son características que te dificultan comportarte de manera asertiva.

Reconoce cuáles son esas características y mantente especialmente alerta ante situaciones que las provocan. Solo porque en el pasado hayan causado que te comportaras de cierto modo, no quiere decir que tengas de dejar que te influyan en el futuro.

Libérate de los viejos mensajes

Tenemos la cabeza atestada de mensajes que hemos recibido a lo largo de la vida. Forman una parte tan importante de nosotros que no nos detenemos a identificarlos o cuestionarlos.

Cuando éramos jóvenes, esos mensajes provenían en su mayoría de nuestros padres o de las figuras de autoridad en nuestra vida. Absorbimos enseñanzas e instrucciones sobre el tipo de comportamiento que se esperaba de nosotros y que se expresaron en términos como «deberías», «no deberías», «debes» y «no debes».

Quizá se te haya enseñado que estar de acuerdo con los demás es muestra de educación, que la única forma de manejar la agresión es devolver el golpe, que nunca deberías «cantar tus propias loas», que no deberías ser ambiciosa o que siempre deberías poner las necesidades de otros por encima de las tuyas. Así que siendo una niña lista y para obtener la aprobación y mantenerte libre de problemas, adaptaste tu comportamiento y diste a los que estaban a cargo justo lo que querían. Te mantuviste callada en lugar de discrepar, no pediste nada para no llamar la atención. O te portaste mal, haciendo pataletas y enfurruñándote y amenazando como Violeta Isabel Bott en los libros de *Travesuras de Guillermo,* quien dice: «Gritaré, gritaré y gritaré *hazta que be podga edfedba*».

El problema es que no resulta tan inteligente aferrarse a estas ideas y, si no te sirven, impiden que funciones y te comuniques como la mujer adulta y plenamente realizada que eres. Si en tu cabeza se reproduce una y otra vez un viejo mensaje e impide que te comportes con confianza y de manera apropiada, puedes decidir apagarlo; puedes reemplazarlo con un mensaje que te favorezca, en lugar de sofocarte.

En cuanto a aquellas de nosotras que de pronto nos damos cuenta de que utilizamos las mismas frases y proverbios admonitorios que usaban nuestras madres y abuelas, porque las escuchamos decirlos —«quien busca, encuentra», «al mal tiempo, buena cara», «la belleza se lleva por dentro»—, eso indica que estamos a un paso de apilar latas de conservas y coleccionar trozos de cuerda demasiado cortos como para servir de algo. Oscar Wilde, que fue el amo de las frases ingeniosas, dijo que «Todas las mujeres se convierten en sus madres. Esa es su tragedia». Pero luego agregó: «Ningún hombre lo hace y esa es la suya».

En efecto, las madres son lo máximo. Sé lo que elijas ser, si es apropiado, y honra a tu madre por las buenas cosas que te dio, pero deshazte de las cosas inútiles.

Es momento de dejarlo ir. Llegó la hora de seguir adelante. Todas lo hemos hecho en esta vida.

Piensa en tres «mensajes» que se reproducen en tu mente e impiden que te comportes de manera asertiva. Reemplázalos con pensamientos más útiles.

Por ejemplo, si el mensaje que te hace decir que sí a todas las peticiones que se presentan por tu camino es: «No es bueno ser egoísta», podrías sustituirlo con «No es egoísta pensar en las peticiones y cómo afectan mi tiempo y mi vida. De hecho es correcto y adulto».

Asume la responsabilidad de ti misma

Este es precisamente el momento en que se te prende el foco. Aceptar la responsabilidad de tus actos, pensamientos y emociones es la esencia de ser una mujer inteligente.

En cuanto empiezas a hacerlo, te sientes más cómoda, más íntegra y con mayor control. En lugar de pensar que otras personas y circunstancias te hacen sentir y comportarte de cierto modo, te adueñas de tus sentimientos y respuestas.

Esto te hace adquirir una estatura que no lograrán jamás los tacones de aguja más altos y sexys de Manolo, Jimmy Choo y similares. Consigues fortaleza y tranquilidad internas (que son fabulosas bases para entablar relaciones con otras personas), y un maravilloso beneficio adicional es un aumento en la comprensión y la compasión.

El anzuelo de la culpa

La culpa es un estado incómodo y doloroso. Las estructuras legales, sociales y religiosas se basan en conceptos de culpa y pecado, con castigos convenidos y entendidos para los casos en que se quebrantan las normas y la ley. La consciencia de que hemos hecho algo malo, cometido un delito, dañado a alguien, o nos hemos comportado de un modo que merece la condena y el castigo, es algo con lo que resulta difícil vivir.

¿Por qué desperdiciar otro valioso segundo sintiéndonos culpables de cosas que no son delitos? ¿De cosas que ni siquiera están mal, excepto dentro de nuestra propia mente? Si contabilizas todos los minutos que perdiste sintiéndote «culpable» de cosas que no son delitos, es posible que reúnas el equivalente a toda una vida.

Lanzamos por todas partes la palabra «culpable» como arroz en una boda. La aplicamos erróneamente a diversas situaciones. A veces la usamos para dar una impresión positiva de nosotros mismos: somos tan buenos, que sufrimos al pensar que dañamos a otros, y nos importa tanto lo que otros piensen, que nos flagelamos cuando tomamos decisiones que desaprobaría alguna persona imaginaria. Demostramos con ello que anhelamos cariño y estamos demasiado ansiosos por complacer. No somos «culpables», sinoególatras.

Cómo librarte de la culpa

Examina de manera diferente cada una de las siguientes situaciones. En lugar de quedar atrapada en el anzuelo de la culpa, piensa claramente en los problemas implicados y en la verdadera naturaleza de tus sentimientos.

IMAGINA ESTO

Tu amiga quiere que vayas con ella a una venta de liquidación, y tú no quieres ir.
¡Cuidado con la culpa!

INTENTA ESTO

Piensa que solo estás diciéndole que no a ir de compras: no estás cometiendo un crimen. No rechazas a tu amiga: estás tomando una decisión sobre una actividad. Además, ¿cuáles serían las consecuencias si fueras de mala gana? Te sentirías resentida y explotada. ¿Y cómo se sentiría tu amiga si lo supiera? Es muy posible que se sintiera igualmente resentida de que se le coloque en esa posición.

Tu culpa al negarte está totalmente equivocada. El único delito que estás cometiendo es contra la amistad. En realidad, tu suposición de que tu amiga no puede manejar el rechazo a su petición la subestima.

IMAGINA ESTO

Estás intentando bajar de peso para que te quede tu ropa de playa. Comes un poco de chocolate.
¡Llamen a la policía de la culpa!

INTENTA ESTO

No uses la palabra «culpa». Así que dejaste por un momento tu dieta autoimpuesta. Es posible que te decepciones de ti misma y te sientas desmotivada, o que experimentes diversas emociones, pero la culpa no debería ser una de ellas.

IMAGINA ESTO

Planeaste pasar una tarde limpiando la cochera y te pusiste a ver una vieja película por televisión y no pudiste arrastrarte a hacer lo que habías dicho.
¡Se declara culpable a la acusada!

INTENTA ESTO

¿Cuál es el crimen en este caso? Decidiste emprender una tarea y luego cambiaste de opinión. Esa es tu decisión. Quizás este tipo de cosa te suceda y rara vez lleves a cabo lo que te propusiste. Si te preocupa, puedes meditar un poco acerca de la posible razón por la que sucede. Pero no te culpes. En cualquier caso, algunas películas viejas exigen que las veamos, ¡¿no crees?! ¿Una tarea del hogar en lugar de una vaporosa película de Douglas Sirk? ¡No hay punto de comparación!, digo yo.

IMAGINA ESTO

Tu colega trabajará tarde para terminar una tarea urgente y tú sales puntualmente porque tienes una cita.
¡Es hora de un *latte* con un sándwich de culpa!

INTENTA ESTO

Tú eres responsable de tus actos y los demás son responsables de los suyos. Puedes negociar esta y otras situaciones similares con tus compañeros de trabajo de manera adulta. Lamentarte (abiertamente o en silencio) sobre la culpa que sientes, es degradante para ambos.

IMAGINA ESTO

Estás enojada con alguien y esa persona rompe en llanto.
¡Cómo podrás vivir con la culpa!

INTENTA ESTO

Es posible que te apenes porque no te gusta ver angustiada a la otra persona. Quizá sientas que debas considerar si fuiste demasiado firme o injusta en tus palabras. Dependiendo de las circunstancias, tal vez te arrepientas o sientas que tus palabras y acciones estuvieron justificadas. Sin importar cuál sea la conclusión, no permitas que las lágrimas ajenas se vuelvan tu anzuelo de culpa.

La culpa es una carga. Si tienes que llevarla sobre tus hombros se convierte en una verdadera proeza. Pero, por favor, no te fabriques tu propia carga y dejes que te agobie.

Juego de culpas

Cuando culpas a alguien por tu estado emocional, le otorgas poder sobre ti. Cedes el dominio de tu persona y permites que otro moldee y controle los sucesos y tus reacciones a ellos.

Puede ser una reacción refleja, un vestigio de tus días de escuela, cuando nuestra respuesta automática al meternos en problemas era «¡Es que fulanita me dijo!». Esto se refleja en la actualidad cuando decimos cosas como «Ella me hace enojar tanto» y «¿Viste cómo Danny hizo llorar a Ellie?». No nos damos cuenta de que nos convertimos en víctimas indefensas; y lo que resulta todavía peor es que, con frecuencia, las personas a quienes otorgamos ese poder son aquellas a las que no queremos ni respetamos.

Culpar todo el tiempo a otras personas es poco realista y falso. Cuando te niegas a asumir cualquier responsabilidad por las decisiones o sucesos, garantizas que no se te critique si algo sale mal.

También es un desperdicio de tiempo, porque la energía que consumes al culpar a otros cuando las cosas salen mal podría invertirse mejor en la búsqueda de soluciones y formas de salir de los problemas.

Establece metas para los nuevos comportamientos

Tomar la decisión de «comportarte de manera más asertiva» es un gran inicio, pero también es una resolución demasiado general como para tener uso práctico. Te resultará útil reducir el espectro para enfocarte en los patrones específicos de conducta que intentas desarrollar.

Cuando identifiques estos patrones, fraséalos en términos positivos y específicos. Si piensas en términos de lo que dejarás de hacer, lo único que escucharás en tu mente es justo aquello que quieres eliminar. Si te digo: «No pienses en Lady Gaga», ¿en qué acabas de pensar? Exacto. Lo mismo te sucederá si piensas: «Voy a ser menos tímida» o «Voy a dejar de acceder a todo». Las palabras «tímida» y «acceder» estarán ahí, persiguiéndote y burlándose de ti. Además, si repites las palabras «no debo» y «no debería», te empantanarás en la negatividad.

Una imagen positiva

Tener una meta positiva y una imagen positiva de ti misma en la nueva situación es fuente de inspiración y motivación. Visualízate en tu nuevo papel. Concíbete como la persona que se comporta de este nuevo modo e imagina lo bien que se sentirá.

Pequeños pasos

Establece una meta pequeña y accesible. Un cambio diminuto puede tener un enorme impacto. Si intentas hacer demasiado a la vez, o enfrentarte a una situación demasiado intimidante, lo más probable es que te desalientes y te des por vencida. Decidir que a partir de mañana serás el alma de la fiesta en todas las reuniones sociales, cuando en este momento no eres capaz siquiera de abrir la boca, no va a funcionar.

IMAGINA ESTO

Te gustaría ser más extrovertida.

INTENTA ESTO

Saluda a alguien que ves todos los días, pero a quien nunca antes saludabas.

Saluda a alguien mientras esperas el autobús.

IMAGINA ESTO

Te gustaría hacer peticiones.

INTENTA ESTO

Cuando alguien vaya a la máquina del café, pídele que también te traiga un capuchino.

· TOMA TRES ·

Piensa tres situaciones en que te gustaría ser más asertiva. En cada una de ellas identifica un pequeño paso que pudieras dar de inmediato.

CAPÍTULO CUATRO

Guía paso a paso para la comunicación asertiva

Una vez que captaste la idea, es tan fácil como 1, 2, 3; pero mejor pasa de 3 a 6 para hacer un trabajo realmente bueno...

PASO 1: Identifica lo que sientes

Lo primero que necesitas hacer es discernir exactamente qué estás sintiendo y eso no es tan fácil como suena. En los encuentros difíciles —es decir, encuentros, acontecimientos, conversaciones y acciones que desafían nuestra sensación de bienestar y equilibrio— a menudo nuestra primera respuesta es física.

Alguien te dice algo y los ojos se te llenan de lágrimas o el corazón empieza a latir con fuerza y aprietas los puños. O tal vez tengas una sonrisa tensa, porque una auténtica simplemente no te sale. Si te gusta lo que ves u oyes, es posible que tu voz se eleve y el tono se vuelva entusiasta. Podrías sentir mariposas en el estómago. En algunas situaciones, quizá reflejes de manera automática el estado físico de la otra persona y sonrías o frunzas el ceño porque eso hace el otro.

Tu reacción corporal es una guía de tu respuesta emocional. Aprende a interpretar las señales y a identificar lo que sientes, por ejemplo, cuando no te invitan a una actividad social, cuando descubres que tu hijo es víctima de acoso escolar, cuando tu amiga obtiene el ascenso que tú querías o cuando declinan una de tus sugerencias.

Necesitas determinar con claridad el sentimiento a través de una palabra o frase que describan con precisión tu respuesta. Tal vez tengas el hábito de emplear solo unas cuantas palabras para abarcar un rango completo de sentimientos. Puedes decir que toda experiencia positiva fue «agradable» y que toda experiencia negativa fue «un asco», o que estás «harta» cuando se trata de cualquier cosa, desde perder un paraguas hasta perder tu teléfono o perder el trabajo. Esto hace que los demás tengan dificultades para reconocer y comprender la naturaleza e intensidad de tus sentimientos, y reduce el impacto asertivo de tu comunicación.

Algunas palabras que pueden servirte son:

enojada	envidiosa	encantada	rechazada
furiosa	despreciada	eufórica	avergonzada
descontenta	resentida	abrumada	insegura
molesta	nerviosa	ansiosa	festiva
irritada	amilanada	entusiasmada	curiosa
frustrada	desalentada	emocionada	interesada
humillada	protectora	satisfecha	motivada
menospreciada	decepcionada	inquieta	celosa
complacida	alterada		

• TOMA TRES •

En la siguiente semana elige tres ocasiones en que tengas una respuesta fuerte a las acciones o palabras de alguien o hacia algún acontecimiento. Encuentra la palabra o frase correcta para describir tus sentimientos. Identifica cómo te sientes después de:

- Una actividad social.
- Una reunión de padres y maestros.
- Un día difícil.
- Ver una película que te gustó.
- Ver una película que no te gustó.
- Una discusión.
- Ver al nuevo novio de tu amiga con otra pareja.
- Recibir una invitación.
- Recibir una crítica por algo.
- Ver triste a alguien cercano.
- Recibir una felicitación; alguien rechaza tu consejo sobre un problema.

PASO 2: Identifica tus motivos para comunicarte de manera asertiva

Piensa en el tipo de comunicación que estás iniciando. Tal vez deseas hacerle saber a alguien que su conducta te hirió, complació o causó un inconveniente; o quisieras pedirle a alguien que deje de comportarse de cierto modo o que empiece a hacerlo. Quizá te gustaría discutir algo, pedir consejo o darlo. Es posible que quieras hacer una sugerencia, iniciar una discusión, ser divertida o explicar tus razones acerca de algo que has dicho o hecho.

PASO 3: Haz una declaración usando la palabra «yo»

Cuando expresas tus sentimientos, tu afirmación debe iniciar con la palabra «yo» o con «mi». Esto no es porque seas la persona más importante del universo, sino porque es crucial que aceptes y reconozcas tus propios sentimientos.

De modo que no se trata de «Eres tan egoísta», «Me enojas tanto», sino de «Yo siento», «Yo creo», «Según entiendo» y «En mi opinión».

Ahora bien, esto podría ser un paso difícil para algunas personas —sí, señorita pelele, te hablo a ti en particular—, porque quizá por tu mente corran varios mensajes viejos diciéndote que es egocéntrico hablar de ti misma y que decir «yo» es un poco grosero. ¡Ese es el mensaje equivocado! Es bueno e incluso inteligente asumir la responsabilidad de tus sentimientos, y expresarlos directamente hace que tu comunicación sea más fuerte y convincente.

Fíjate en la diferencia:

- *Es molesto.*
- Estoy molesta.

- *Ese color te queda bien.*
- Me gusta mucho cómo te queda ese color.

- *Fue doloroso que olvidaras mi cumpleaños.*
- Me dolió que olvidaras mi cumpleaños.

• TOMA TRES •

Elige hacer tres declaraciones cada día en las que expreses la palabra «yo». Pueden ser sobre asuntos menores.

En lugar de decir: «Hace calor», di: «Tengo calor, ¿te molesta si abro una ventana?».

PASO 4: Reconoce a la otra persona

Por supuesto que no todo se trata de ti, sin importar qué tan firmes sean tus sentimientos sobre algo, o cuán equivocado creas que está el otro. Muestra comprensión, acepta la posición de la otra persona o siente empatía por ella. Esto no necesariamente significa que coincidas con los demás. Significa que muestras respeto por su derecho a tener sus propios pensamientos y sentimientos, al igual que muestras respeto por los tuyos. Tu afirmación de reconocimiento podría iniciar con frases como las siguientes:

- Entiendo que tú…
- Me doy cuenta de que…

PASO 5: Comunica el concepto que quieres destacar

Aquí es cuando dices, si es apropiado, lo que quieres, necesitas o te gustaría que sucediera, como lo identificaste en el paso 2. Debes dejar claro de qué se trata, si es algo que te gustaría que alguien dejara o empezara a hacer, o algo que quisieras discutir, algo de lo que quieres desahogarte o que quieres compartir.

PASO 6: Escucha y discute

A menos de que se trate de una situación en la que «termines» con alguien, deja en claro que quieres escuchar la reacción del otro y demuestra que estás lista para escuchar y, si es apropiado, negociar.

Usa la siguiente estructura como marco de referencia para todas tus comunicaciones asertivas.

Esta podrías ser tú

IMAGINA ESTO

- *Recibes una felicitación por un volante que produjiste para una actividad social y agradeciste sinceramente a esa persona.*
- *Enviaste un correo electrónico a alguien que dio un curso de literatura al que asististe y en el mensaje le dices que te pareció placentero e inspirador.*

- Te disculpas con tu hijo o hija por no confiar en que respetará las reglas de la casa cuando invita a sus amigos o amigas a una piyamada.
- Dijiste al gerente del restaurante que un café de cortesía sería un gesto de buena voluntad para compensar por la mala calidad de los alimentos que te sirvieron.
- Hablaste con tu compañero de trabajo para decirle que no podrías concluir un proyecto en el tiempo asignado y le pediste ampliar la fecha de entrega.
- Dijiste a la persona que te apoyó en un periodo de enfermedad cuánto le agradecías lo que hizo.
- Le dijiste a alguien cuánto lo amabas.

¡Mírate! Manejaste con confianza y gentileza una serie de circunstancias desafiantes y mejoraste la situación para ti misma y para aquellos con quienes compartes tu vida. Lo único que necesitas para comportarte así es un poco de conocimiento.

Técnicas útiles

Cómo juzgar las situaciones

Solo porque puedas hacer algo no significa que tengas que hacerlo. Muchas veteranas de la revolución sexual se dieron cuenta de ello cuando ya era demasiado tarde.

No tienes que enfrentar toda situación desafiante con una respuesta asertiva frontal. La vida sería muy pesada si fuera así, y hay algunas cosas que puedes ignorar o pasar por alto.

Algunas situaciones se manejan mejor con sentido del humor. Sintonízate con tu juguetona niña interior y elige hacer una broma, burlarte de alguien en buen plan o hacer algún comentario burlón acerca de ti misma: «Sí, así soy yo, siempre dispuesta a responder mal, ja, ja, ja» (pero asegúrate de hacerlo a manera de broma y que no signifique que te estás rebajando).

Tal vez existan algunos problemas que por el momento quieres dejar de lado y guardarlos en una caja para enfrentarlos después, si es necesario. En algunas ocasiones, es posible que al principio quieras ser mesurada y luego dar una respuesta más firme si eso no funciona. El truco está en identificar la mejor respuesta para cada situación.

¿Qué tanto te molesta?

Toma distancia de la situación y evalúa, digamos en una escala del 1 al 10, cuánto te molesta. Si es un engorro leve, podrías calificarlo como 1 o 2. Si es algo que en verdad te incomoda, que nunca te deja en paz, que te mantiene despierta por las noches o sigue pasando una y otra vez, entonces estamos hablando de un 10 o de un problema que incluso se sale de los límites de la escala.

Quizá notes que la fuerza de tu respuesta no refleja la magnitud de la situación. Algo que es leve te llega al fondo del corazón, pero no en el buen sentido con el que Cole Porter escribió *I've Got You Under My Skin* (*Te llevo bajo mi piel*; escucha la versión de Frank Sinatra en el álbum *Songs for Swinging Lovers* para la máxima experiencia, aunque muchos cantantes maravillosos han hecho muy buenas versiones), en tanto que algo que puede parecerles importante a otros a ti se te resbala por completo.

No pienses solo en las situaciones negativas; puedes sentirte igualmente alterada al tomar consciencia de algo positivo que sientes que deseas hacer, pero aún no has tenido el valor de poner en práctica.

Esto podría expresarse con gratitud hacia uno de tus padres por haberte apoyado en una situación difícil o invitando a alguien a tomar una copa o a comer.

¿Cuánto te molestará en el futuro?

Considera la inversión que estás haciendo en términos de dificultad, compromiso o seguimiento, y decide cuánto te importará la situación en semanas, meses y a un año de distancia.

Compara esto con el nivel de intensidad de sentimientos y esfuerzo requerido para hacer frente a ese problema. Si sabes que seguirá importando y que tal vez te arrepientas de no tomar acciones, entonces decídete a hacerlo.

¿Alguien más sale afectado?

Puede ser que algo no te afecte personalmente, pero sí a otra persona con quien tienes alguna responsabilidad, ya sea personal o profesional. Quizá te rías de los comentarios hirientes de un compañero de trabajo, pero a los demás miembros del equipo les moleste. Si tienes que hacerlo, utiliza los dos procesos anteriores para evaluar el tipo de intervención que sería apropiado.

¿Qué se ganará con ello?

Decide qué se logrará si enfrentas un problema específico, y compara ese logro con otras consideraciones. Si necesitas invertir gran cantidad de esfuerzo emocional y práctico para obtener un resultado muy pequeño, quizá decidas que es algo con lo que puedes vivir o tratar a la ligera. Por otro lado, un montón de pequeñas ganancias puede hacer que tu vida y la de quienes te rodean se vuelvan muy agradables...

• TOMA TRES •

Elige tres situaciones que sientas que debes enfrentar. Califica cada una de ellas en una escala del 1 al 10. Si alguna supera una puntuación de 5, decide lo que harás al respecto. (¡Ignorarla no es opción!)

Cómo mantenerte firme

Habrá ocasiones en que los argumentos de otras personas desafiarán tu capacidad para ser asertiva y sientas que se socava la confianza en ti misma.

Una estrategia útil en estas circunstancias es repetir la frase esencial de tu mensaje, eludiendo los intentos por cambiar de tema con comentarios condescendientes o evasivos.

A veces a esto se le conoce como estrategia del «disco rayado», una referencia histórica que recuerda un tiempo en que, sí, aunque parezca asombroso para aquellos lectores que tienen actas de nacimiento más recientes, la música se obtenía a través de un pintoresco disco de vinil con muchos surcos. Ahora presta atención. Ese disco se ponía en un tocadiscos y, con muchísimo cuidado, hacías bajar una aguja al primer surco. Primero se oía un siseo y un chasquido, luego se escuchaban los sonidos más maravillosos que hubieras oído en tu vida. De alguna manera, toda la experiencia se intensificaba todavía más por la forma en que la aguja ocasionalmente se atoraba en un surco, de modo que se repetía una y otra vez la parte en la que se detenía.

La técnica del «disco rayado» funciona cuando alguien está siendo persistente. El principio es que primero reconoces brevemente lo que están diciendo, pero repites tu frase esencial de manera tranquila y tenaz. Esto funciona muy bien cuando tu petición, rechazo u observación es clara y sin ambigüedades, y cuando no estás preparada para negociar o llegar a un trato.

IMAGINA ESTO

Necesitas que tu hijo te recoja de tu clase vespertina. Él preferiría que hicieras cualquier otro arreglo con tal de no pasar por esos inconvenientes.

INTENTA ESTO

«Sé que tú y Mandy verán una película en la noche, pero de verdad necesito que pases por mí».

«Sí, podría regresar caminando, pero quiero que pases por mí».

Cómo evitar que te enganchen

Usa la raqueta de ping-pong

¿Puedes verte a ti misma con la raqueta en la mano, mientras esa pequeña pelota rebota y viene hacia ti? La pelotita es el manojo de palabras que alguien te lanza para distraerte de lo que intentas decir. Quieres que los chicos limpien la sala antes de que llegue tu madre. Uno de ellos dice que necesita ponerse a hacer la tarea y terminas en medio de una discusión sobre quién tiene más trabajo que hacer y cuál es más importante, y la sala sigue hecha un desastre…

Quieres saber cuándo se irá ese amigo al que le permitiste aterrizar en tu casa por algún tiempo, y él o ella sigue diciendo cuánto te agradece que lo recibieras y la amiga tan comprensiva que eres, pero ahí estás de nuevo, discutiendo la problemática relación sin abordar cuándo se irá ...

Imagínate, de la manera más tranquila posible, golpeando las palabras con la raqueta hacia un lado, para que ya no vengan hacia ti. Puedes lograrlo con una pequeña frase que reconozca, pero que no retome ni responda a lo que te están diciendo:

- *Tal vez tengas razón, pero necesito que arregles la habitación en este momento.*
- *Me parece maravilloso, pero necesito saber cuándo regresarás a tu propia casa.*

Resulta útil no hacer referencia específica a sus palabras, porque si lo haces, abres la puerta que te conduce a enredarte.

Cómo desactivar una situación

Concuerda

Esto puede desanimar a cualquiera, sobre todo si sientes que te están provocando. También es útil en situaciones a las que no tienes ningún deseo de enfrentarte. Cuando dices algo como «Tienes razón en eso» o «¿Sabes qué? Estoy de acuerdo», a la otra persona no le queda nada a qué aferrarse. Es una forma maravillosa para sentirse tranquila y en control, porque eliges no involucrarte, y estableces una barrera que te protege de más discusiones.

- *Fuiste muy grosera con Lynn.*
- Sí, creo que es posible que lo haya sido.
- *No puedo creer que no hayas lavado los vasos sucios.*
- Sí, soy una haragana.

Puedes utilizar ese «tiempo de protección» para pensar en algún comentario y decidir si quieres llevar las cosas más allá. Esto funciona si la crítica se enfoca en un asunto que pudiera ser importante en la relación.

CAPÍTULO CINCO

Cómo decir las cosas: lenguaje corporal inteligente

El lenguaje corporal de la mujer inteligente debe ajustarse al mensaje verbal que se transmite y reforzarlo. En caso contrario, estás mandando mensajes contradictorios y confundiendo a tu oyente, quien percibe lo incompatible entre lo que dices y cómo lo dices, y pierde confianza en ti y en tu conversación.

Aún peor, si existe contradicción entre tus palabras y tu estilo de presentarlas, deja una impresión dominante tu manera de decirlas.

IMAGINA ESTO

Tus hombros se encorvan y tus ojos lanzan chispas. Tienes los puños apretados y la quijada trabada. Las palabras salen de tu boca como balas de una pistola: «¡No estoy enojada!», dices, mientras golpeas la mesa con el puño.

¿Qué tan probable es que tu desventurado oyente u oyentes se digan unos a otros: «¿Entonces todo está bien?, ¿dice que no está enojada?». Sí, eso es tan probable como que Dolly Parton deje que la naturaleza siga su curso. (Dolly, te ves fantástica, chica lista. Te amamos).

De hecho, esas fueron tus palabras, pero todo lo demás en tu mensaje decía lo contrario. Tus palabras fueron claras, pero tu lenguaje corporal fue mucho más fuerte, y las borró por completo.

Dices «perdón» pero, mientras hablas, elevas las cejas y tuerces la boca y pronuncias la palabra alargando las vocales: «peeerdooón». No parece gran disculpa, ¿no crees? Esta respuesta es un desafío para seguir con la discusión, ya que tu lenguaje corporal prácticamente invita al otro a señalar que no pareces muy arrepentida… Quizás esa era tu intención, ¡sinvergüenza manipuladora! O tal vez te sientes avergonzada e incómoda con las disculpas y lograste decir las palabras, pero traicionaste tu sinceridad con tu tono y expresión facial inapropiados.

Cómo decir las cosas de manera correcta

Tono de voz

Nos ha sucedido a todas. Quieres sonar decidida y tu tono es agresivo. Quieres ser firme, pero te tiembla la voz. Quieres hacer una broma, pero das un tono sarcástico a tus palabras.

Todo se relaciona con el control, y ese control inicia con la respiración. Una buena respiración tiene un efecto estabilizador y tranquilizante. Respirar profundamente unas cuantas veces antes de hablar es una excelente manera de lidiar con la tensión y la ansiedad.

INTENTA ESTO

Haz una respiración profunda desde tu diafragma y siente cómo recorre todo tu cuerpo. El área del abdomen es la única parte de tu cuerpo que debe moverse al hacer esto; si tu pecho se eleva y desciende, estás respirando de modo demasiado superficial y es probable que eso te haga sonar débil y trémula.

Sostén la respiración durante unos cuantos segundos y luego exhala lentamente, asegurándote de sacar todo el aire de tus pulmones. Hacer esto una o dos veces te estabilizará y te dará la confianza relajada para proyectar tu voz en forma apropiada.

Volumen

Controla el volumen de tu voz. En ocasiones, cuando quieras que tu voz exprese firmeza, contundencia o enojo, debes elevarla ligeramente, no tanto como para que grites, pero sí para enfatizar tus palabras.

INTENTA ESTO

Imagina que tu voz abarca una escala del 1 al 10, donde 1 es un suspiro y 10 es un grito. Lee esta oración iniciando con un volumen de nivel 1 y avanzando hasta 10. Ahora regresa y enfócate en el rango intermedio, digamos entre 4 y 7. Este debería de ser un volumen cómodo para la comunicación diaria, donde los niveles 6 y 7 son eficaces para una comunicación firmemente asertiva. Cuando quieras elevar tu voz para provocar un efecto, escucha ese rango intermedio dentro de tu cabeza y modula tu voz en consonancia.

Si hablas más alto que esto, es posible que se te perciba como agresiva, y si bajas al nivel 2 o 3, a menos que lo hagas de modo intencional para causar un efecto, parecerás tímida e insegura.

Ritmo

Cuando estamos ansiosos y alterados, tendemos a hablar a muy rápido. La velocidad promedio del habla está entre 150 y 164 palabras por minuto. Si superas esa velocidad, sonarás nerviosa y balbuciente, y si disminuyes demasiado el ritmo, perderás la atención de la gente y empezarán a quedarse dormidos.

Hablar lentamente puede añadir peso e importancia a lo que dices, pero solo si el ritmo se equilibra con una exposición más rápida. La variedad en el ritmo es una de las claves para obtener y mantener la atención de las personas con quienes hablas.

Inflexión

Tu voz sube y baja mientras hablas, y cambia según las diferentes ideas y emociones que expresas. Cuando estás emocionada o nerviosa, la resonancia de tu voz proviene de la parte superior alrededor del área de tu cara, y esto produce una voz aguda. Cuando tu voz resuena desde la parte baja de tu pecho, sale con un tono más serio y considerado. ¿Cómo es tu propio patrón de inflexión?

Inflexión ascendente

Es posible que tengas el hábito de elevar la voz al final de las oraciones. Stephen Fry (por quien tengo mucho respeto debido a su gran cerebro) le llama «entonación interrogativa australiana», en referencia al que tal vez pudiese ser su lugar de origen. Cuando quieres destacar tu autoridad o ser tomada en serio, esta entonación no funciona. Cuando el tono de tu voz convierte toda afirmación en pregunta, pareces tímida y tentativa, como si pidieras reconfirmación a tu oyente. Suenas nerviosa e insegura.

Esta inflexión sería útil para:

- Hacer una pregunta.
- Instar a la otra persona a asentir con lo que dices.
- Establecer una buena relación con alguien que habla así.

Inflexión uniforme

Cuando tu voz es uniforme y tu oración inicia y termina con la misma nota, suenas neutral. Estás haciendo una declaración, no una pregunta ni estás dando una orden.

Esta inflexión sería útil para la mayoría de los encuentros asertivos, incluyendo:

- Abrir una discusión.
- Expresar una preferencia.
- Hacer una petición.
- Expresar un punto de vista.
- Dar retroalimentación.

Inflexión descendente

Cuando tu voz desciende al final de la oración, causas un impacto. Tu tono agrega peso y autoridad a tus palabras. Así, cuando quieras hacer una fuerte declaración, deja que tu voz recorra una curva que se eleve a lo largo de la oración y descienda de nuevo al final.

Esta inflexión sería útil para:

- Mostrar empatía.
- Indicar un fuerte sentimiento.
- Llevar a término una discusión.

INTENTA ESTO

Di las siguientes oraciones en cada una de las tres formas descritas y nota el efecto distinto de cada tipo de entonación:

- Creo que deberíamos organizar una junta para mañana por la mañana.
- Quiero que me reintegren el pago.
- Necesito cancelar la cita.

Postura

¿Acaso no nos dijeron que nos paráramos derechas, que dejáramos de encorvarnos y levantáramos la cabeza, y no lo odiamos, justo cuando queríamos proteger del escrutinio público a nuestros jóvenes cuerpos y rostros llenos de cráteres? Ah, sí, los años del acné... ¡Pero llegó la hora de dejar atrás el pasado! Tu modo de pararte, sentarte y mantener tu postura tiene un impacto en el mensaje que das y afecta tu comunicación. Elige entre varias posturas que puedes tomar para adaptarlas a diferentes contextos. El elemento importante es asegurarte de que las señales que da tu cuerpo se ajusten a tu intención.

Estar de pie puede darte confianza y seguridad. Una postura erguida, pero no rígida ni encorvada, crea una impresión asertiva y te hace sentir y parecer a la altura de la situación.

Mantén la cabeza en alto y, si la inclinas a un lado, asegúrate de que indique que estás interesada y escuchando, y no parezcas tímida o sumisa (hagas lo que hagas, no pestañees).

Si la conversación es sobre un tema que te pone nerviosa, haz un esfuerzo especial por no doblar los brazos o cruzarlos sobre tu pecho, porque te hace parecer cohibida y a la defensiva. La actitud de cruzar los brazos es señal obvia de inseguridad.

Distribuye tu peso de manera equilibrada y evita recargarlo sobre una de las piernas. Orienta tu cuerpo hacia tu oyente y mantén una distancia apropiada.

Si la otra persona se pone de pie o avanza mucho hacia ti, cambia de posición y da un paso atrás o a un lado. Es posible que no esté invadiendo tu espacio intencionalmente, pero no permitas que suceda.

De manera similar, si la distancia entre ambos es demasiado grande como para hablar con facilidad, avanza un poco y, al mismo tiempo, cambia el ángulo de tu posición, para que no parezca que te abalanzas sobre la otra persona.

Esta postura sería útil en situaciones como:

- Conversaciones laborales no sociales.
- Poner una queja por un mal servicio o producto.
- Dar una negativa firme.
- Hacer una petición enérgica.
- Responder a una petición enérgica.
- Responder a un comentario crítico.

Estar de pie es bueno cuando también lo está la otra persona. Si tú estás de pie y la otra persona está sentada, podrías parecer autoritaria y dominante. Si estás sentada y la otra persona se levanta, te colocas en posición sumisa.

Al sentarte, aplica las mismas reglas sobre mantener receptivo tu cuerpo. En situaciones formales, como entrevistas o discusiones profesionales, siéntate en una posición cómodamente erguida y alerta, y mantén tus brazos alejados del cuerpo.

Esto es particularmente importante si cruzas las piernas, que es algo que resulta difícil no hacer, pero si cruzas las piernas y también los brazos, más te valdría gritar: «¡No quiero estar aquí! ¡No me gusta este lugar! ¡No me simpatizas!». Y si enredas los tobillos alrededor de la pata de la silla, parecerás tan tensa como una liga.

Es muy posible que te sientas cómoda con los brazos y piernas en esa postura, pero siempre es mejor suponer que los demás no te darán el beneficio de la duda al interpretar tu lenguaje corporal.

Ya sea sentada o de pie, permanece consciente de la postura del otro y de qué tanto reflejas su postura. La comunicación será más eficiente si tienen posturas similares en términos generales. No te sientes al borde de la silla si la otra persona está bien sentada y apoyada contra el respaldo, no te reclines contra el marco de la puerta si el otro no lo hace. Mantén la dirección de tus miembros y torso en una línea similar.

IMAGINA ESTO

Quieres hablar con un miembro joven de la familia para decirle cómo te sentiste cuando tomó prestado tu automóvil sin tu permiso. Él está echado sobre el sofá.

Si estás de pie al iniciar la conversación, te colocas en posición de quien regaña, y él está en la posición de receptor del regaño. Será difícil que la comunicación avance más allá. Si te desparramas por el sofá en la misma postura que él, será difícil demostrar firmeza. Intenta algo intermedio: siéntate junto a él, pero mantén una postura erguida.

Conserva relajadas tus extremidades. Inclínate levemente hacia él mientras hablas. Tus ademanes deben ser efusivos, con las manos muy por arriba de tu cintura. Es probable que la combinación de tus palabras y lenguaje corporal lo alienten a cambiar a una postura ligeramente más erguida y eso facilite que inicies una comunicación asertiva.

Espacio

Cuando quieras hacer notar tu presencia, abarca cierto espacio. No de manera desorganizada, expandiéndote por todas partes, sino de un modo que afirme tu estatus. Sin invadir el espacio de nadie más, distribuye tus pertenencias adecuadas, como una *laptop,* cuaderno, plumas, vaso con agua, y siéntate derecha.

Ademanes

Sin darte cuenta, tus manos pueden enviar señales no verbales que debilitan tus palabras. Quizá suenes confiada, pero si jugueteas todo el tiempo con tu cabello, o con tu joyería o ropa, parecerás nerviosa e insegura; si tienes los dedos entrelazados con fuerza, parecerás tensa, a pesar de tus intentos por sonar relajada y a tus anchas. Los hábitos como golpetear la mesa con las puntas de los dedos o balancear una pierna de un lado a otro mientras hablas, sugieren que te sientes estresada.

Los ademanes excesivos con las manos pueden ser distractores. Si gesticulas compulsivamente cada palabra, dibujando en el aire las figuras para mostrar a qué te refieres con «boleto», «libro» o «lista», y haciendo enormes círculos para indicar conceptos como «grande» o «mucho», dificultas que tu oyente entienda lo que estás diciendo.

Sin embargo, si usas tus manos de manera eficiente, pueden darle apoyo a tus palabras y ayudarte a parecer más confiada y asertiva.

Cuando comunicas una decisión o haces una afirmación definitiva, un ademán como bajar las manos al unísono y con rapidez, en una especie de movimiento de corte, enfatiza tu determinación. Usa este ademán con entonación «descendente» y sonarás capacitada y segura.

Con las palmas hacia arriba

Mantén tus manos abiertas lo más posible, sobre todo cuando quieras convencer a alguien de tu sinceridad. Por tradición, este ademán se asocia con apertura y honradez, ya que muestra que no cargas un arma y no representas una amenaza.

Extender las manos con las palmas hacia arriba es un gesto de inclusión que indica tu disposición a escuchar y cooperar. Es probable que lo hagas instintivamente en ciertas situaciones, pero cuando nos sentimos nerviosos o presionados, es probable que cerremos los puños o entrelacemos los dedos en un nudo firme. Relaja los dedos y mantenlos abiertos.

Con las palmas hacia abajo

Colocar las manos con las palmas hacia abajo es un ademán útil en ciertas circunstancias. Si quieres mostrar una actitud realmente firme, mantén tus manos apenas por arriba de la cintura, con las palmas hacia abajo. Este gesto podría acompañar una orden o solicitud inflexible de hacer algo, al estilo de «simplemente hazlo, por favor». Puedes bajar las manos mientras hablas, para agregar énfasis.

Por otro lado, si tus palabras indican armonía, subraya ese sentimiento colocando las manos frente a ti, a la altura de la cintura, y abriéndolas con las palmas hacia abajo, en un movimiento que sugiera relajación y tranquilidad. Este ademán podría acompañar una afirmación tranquilizadora como: «Creo que juntos podemos resolver esta situación». Darás una impresión de calma y control sereno.

INTENTA ESTO

Toma la oración:

«Entonces necesito que eso esté listo para el jueves, a más tardar».

Dilo con el ademán de corte y la entonación descendente.

¿Cómo suenas? ¿Alguien lo pondrá en duda? Amiga, tú tienes la última palabra, y lo estás diciendo sin gritar ni rogar, en una forma que demuestra una autoridad adecuada.

Ahora dilo con el ademán tranquilizador y la entonación uniforme.

¿Cómo suenas? Probablemente mucho más suave, mucho más amable y conciliadora, y logras atraer la cooperación de la gente.

Elige cuál te conviene. Simplemente adapta tu voz y tus ademanes a tus palabras y al mensaje que transmites.

Expresión facial

Sientes que eres una persona asertiva, accesible, directa, pero es posible que tu rostro diga algo totalmente diferente. Quizá tengas el hábito de fruncir el ceño todo el tiempo, con apenas esa pequeña grieta entre los ojos diciéndole al mundo que no solo no temes a las arrugas, sino que estás atareada y preocupada, y no quieres que te dirijan la palabra.

Tal vez tienes el tipo de expresión que provoca que otros te digan que levantes el ánimo (sí, ya sé, es totalmente exasperante) y tú respondes que no puedes evitarlo, que es tu expresión habitual.

Quizás existan algunos aspectos físicos que no puedes alterar, pero muchas personas que tienen permanentemente la expresión de que les dieron una nalgada, logran cambiar de manera espectacular la impresión que dan.

Rostro público

Se te percibirá comunicativa y accesible si tu expresión es alerta e interesada.

INTENTA ESTO

Imagina que por casualidad viste a una amiga a la distancia, alguien a quien te complace ver. ¿Qué sucede con tu rostro? Es probable que tus cejas se eleven un poco, tus ojos se abran un poco más y tu boca adopte una pequeña sonrisa.

Esa es una buena expresión para mostrar en público. Póntela como lo harías con tu labial favorito. Te sentirás confiada y asertiva, y probablemente te perciban como tal.

Rango de expresiones

¡Las sonrisas son estupendas! Te hacen sentir bien y también motivan que los demás se sientan felices. Las sonrisas obtienen una respuesta positiva, sobre todo cuando aparecen de manera correcta y en el lugar preciso.

Sonreír demasiado es poco asertivo. Es lo que hacemos cuando nos sentimos nerviosos, culpables o enojados. Aunque nuestras palabras transmitan un mensaje claro, lo debilitamos con expresiones faciales que sugieren que queremos restarle importancia, y con ello le quitamos firmeza a lo que decimos. «Por favor, sigue queriéndome», dice nuestra sonrisa. «De verdad, no soy tan mala. No lo digo en serio».

Deja que tu rostro exprese las emociones que sientes. Sonríe cuando te sientas divertida, feliz, complacida, interesada, comprensiva, bromista... Cuando hables de manera seria o estricta, mantén tu expresión facial firme y abierta, pero no sonrías.

Frunce el ceño cuando no te sientas del todo complacida, levanta las cejas si te sientes sorprendida, exhibe una expresión de perplejidad en el momento en que no entiendas. Quizá pienses que ocultar tus sentimientos detrás de un rostro inexpresivo es muestra de buen autocontrol, pero puede verse como una táctica agresiva. Cuando tu expresión y tus palabras son equivalentes y se refuerzan entre sí, tu comunicación es abierta, franca y tiene impacto.

Contacto visual

No puedes comportarte asertivamente sin tener un contacto visual apropiado. Si fulminas con la mirada, se te considerará amenazante; si te niegas a cruzar miradas con la otra persona, se pensará que eres taimada y poco digna de confianza. Estas son impresiones falsas, pero es muy difícil revertir una impresión engañosa. Es mejor desarrollar un uso confiado del contacto visual y comunicar con eficiencia el concepto que quieres transmitir.

Cuando hablas, lo común es no mantener la mirada fija. Establecerás contacto visual brevemente, mirarás a otro lado por uno o dos instantes, y luego devolverás la mirada. Si hablas con un grupo de personas, establece contacto visual momentáneo con todos ellos y «atrapa» sus miradas.

Ten cuidado en no hacer contacto visual solo con un miembro del grupo, que es algo que te sentirás tentada a hacer si existe un «líder obvio», como el entrevistador principal o la persona de nivel más alto. (Si hay una persona en quien tienes un interés particular que quieres señalar, el contacto visual es un buen modo de lograrlo). Es diferente cuando estás escuchando, ya que entonces tienes una opción.

Puedes mantener el contacto visual durante alrededor del 80 por ciento del tiempo y mirar a otro lado cuando el hablante también mira en otra dirección. Esto permite que tus ojos descansen e impide que adoptes una mirada «fija», pero corres el riesgo de no sincronizarte con el hablante y parecer un poco sorprendida y sospechosa cuando regreses la mirada.

Quizá resulte más seguro mantener contacto visual constante (después de todo, en las situaciones cotidianas no es tan frecuente que alguien hable durante mucho tiempo sin interrupción), y cuando sientas que tu mirada ha estado fija demasiado tiempo y se te cansen los ojos, dirige la vista a otro lado.

Considera el rostro de las personas como un triángulo invertido, con la parte superior sobre la frente y la punta en la barbilla. Tus ojos pueden recorrer ese espacio. Un sitio seguro para colocar la mirada es en el puente de la nariz. Parece contacto visual, pero es una mirada fácil de mantener.

Si quieres que la situación permanezca formal y profesional, mantén la vista en la mitad superior del triángulo. En situaciones más sociales, puedes pasear la mirada hasta la parte inferior del triángulo facial, al área entre los ojos y la boca.

Ten cuidado de no permanecer demasiado tiempo con la vista puesta en la gran nariz, rasgo desagradable o boca de la otra persona.

Cómo interpretar el lenguaje corporal

La comunicación asertiva implica estar constantemente consciente de los sentimientos y reacciones del otro. Sus señales no verbales te explicarán tanto o más que sus palabras, así que, mientras hablas, sintonízate con la totalidad del mensaje.

Cuídate de no sobreinterpretar lo que ves y lanzarte a conclusiones con base en una o dos observaciones.

Si parece que alguien está evitando el contacto visual, no supongas que intenta ocultarte algo o que no es confiable. Tal vez la persona sea tímida, se sienta ansiosa y carezca de confianza. También es probable que, a diferencia de ti, no haya aprendido las habilidades para mantener el contacto visual. Su falta de contacto visual también podría reflejar normas culturales diferentes.

Del mismo modo, la gente cruza los brazos por todo tipo de razones: tienen un poco de frío, intentan ocultar el sitio donde se les cayó un botón, tratan de esconder una mancha de salsa que no salió con el lavado, imitan a la persona con quien están hablando; es decir, puede ser por cualquier otra cosa aparte de ser defensivas.

INTENTA ESTO

Busca tres piezas de evidencia que respalden cada ejemplo de comunicación no verbal. Estas pueden incluir:

- Palabras habladas que sustentan o contradicen tus observaciones.
- Otros mensajes no verbales que sustentan o contradicen tus observaciones.
- Duración de la señal.
- Contexto físico.

Cómo usar tus observaciones

Puedes elegir ignorar lo que percibes. Si alguien está de acuerdo en hacer algo, pero su postura y expresión facial te dicen que no está contento con ello, no necesitas indicar que te das cuenta. Quizá te convenga aceptar el acuerdo sin hacer comentarios.

Por ejemplo, si estás tratando el tema de las reglas establecidas en casa para los miembros jóvenes de la familia y les hablas, digamos, del tiempo que pasan en internet o de las actividades escolares nocturnas, podrías decidir que no responderás a los mensajes no verbales que sugieren que eres una fascista totalmente irracional por pedirles que respeten esas reglas. Puedes negarte a morder el anzuelo y simplemente ignorarlos.

En otras situaciones, tal vez elijas demostrar que reconoces los sentimientos negativos y decir algo como:

- «¿No pareces contento con ello?». *(En este caso funciona una entonación ascendente)*.
- *«Siento que no estás totalmente convencida de esto»*.
- «¿Te gustaría discutir un poco más el asunto?».
- «¿Deberíamos platicar un poco más de esto?».
- «Sé que dices que está bien, pero recibo una vibra muy negativa de ti».

Entonces, dependiendo de la respuesta, es tu decisión si profundizarás más en el asunto.

Esta práctica es una buena forma de romper con el comportamiento manipulador. Tu respuesta asertiva coloca el encuentro en una posición de apertura y concede oportunidad a la otra persona de revelar sus verdaderos sentimientos.

CAPÍTULO SEIS

Niégate sin perder a tu familia, amigos o trabajo

Por qué es tan difícil decir «no»

Debería ser muy sencillo. Alguien te pide algo, tú no quieres hacerlo y lo dices; simple. ¡Como si fuera tan fácil! Lo que realmente pasa es que nos confunde la ansiedad acerca de las consecuencias de nuestra negativa e ingresamos a un extraño mundo en el que creemos que decir «no» a cualquier cosa llevará al desastre de nuestra vida personal y profesional.

Imaginamos que, a menos que accedamos a todo lo que se nos pide, terminaremos como ancianitas vagabundas y solitarias que solo tienen un gato por compañía, e incluso el gato podría abandonarnos si decimos que no a sus constantes maullidos para exigirnos bocadillos...

Algunas razones por las que decimos «sí» cuando queremos decir «no»:

- Piensas que la persona que te hace la petición se ofenderá si te niegas.
- Piensas que se dañará tu posición profesional.
- Piensas que no se te considerará una persona cooperativa.
- Piensas que se te considerará egoísta.

- Piensas que tu negativa se usará en tu contra.
- Estás un poco impresionada con la persona que te lo pide.
- En realidad quieres a la persona que te lo pide.
- Tienes miedo de la persona que te lo pide.
- No quieres ser la única que se niega.
- Crees que si tú te niegas a algo, siempre se negarán a lo que pidas.

A menudo suponemos cuál es la consecuencia probable, asumimos lo peor y damos una respuesta con base en ese razonamiento incorrecto, cayendo una vez más en la trampa de asumir la responsabilidad de los sentimientos ajenos (por no mencionar que adoptamos nuestro papel favorito como clarividentes, en el que simplemente sabemos, sin que nos lo digan, qué están pensando los demás).

Este patrón de pensamiento y conducta te hunde en un modo de vida dañino, en el que sufres las consecuencias de decir «sí» todo el tiempo:

- Te sientes agotada y explotada.
- A veces sospechas que los demás dan por sentado lo que haces.
- Te sientes abrumada.
- No haces las cosas que quieres hacer.
- Todo el tiempo te sientes fuera de control.
- Te sientes fuera de control en tus relaciones.
- Se elevan tus niveles de estrés.
- Tienes resentimientos hacia la gente que te pide hacer determinadas cosas.
- No siempre cumples lo que prometes.
- A veces dejas las cosas a medias.
- Siempre estás presionada.
- Tu presencia e impacto se diluyen.
- Tus verdaderos deseos, pasiones y compromisos son invisibles.

El asunto mental

En este caso se requiere un cambio de mentalidad. Reemplaza la actitud de que no puedes decir «no», con la percepción de que en realidad sí puedes. Asume de la idea de que la capacidad de decir «no» cuando es apropiado, habla maravillas de ti. Lejos de ser percibida como una persona despreciable que nunca coopera y no tiene amigos, la gente te verá así:

- Alguien en quien se puede confiar.
- Alguien que toma en serio a la gente y las peticiones.
- Alguien que tiene un enfoque profesional en su manejo del tiempo.
- Alguien eficaz.
- Alguien que piensa en las consecuencias de sus actos.
- Alguien que se respeta a sí misma.
- Alguien que respeta a los demás.
- Alguien con un buen equilibrio entre su vida y su trabajo.

Esa persona puedes ser tú.

Formas amables de decir «no»

No tienes la obligación de ser amable, pero es mucho más agradable si lo eres. No es necesario que el «no» sea el abrupto ladrido que sugiere la palabra, pero en situaciones extremas, si necesitas que suene así, ten lista la palabra y escúpela. No temas dar una negativa contundente, terminante y definitiva, si eso es lo que requiere la situación.

Sin embargo, muchas de las circunstancias que quisieras manejar con más confianza no son tan extremas; son peticiones y expectativas cotidianas a las que te resulta difícil negarte o negociar. Existen formas de no decir «sí» que transmiten tu mensaje con firmeza, de modo que te sientas agradablemente confiada y en control, y demuestres respeto y compresión por la otra persona.

El poder de la pausa

Dar una respuesta inmediata puede ser una receta para el desastre. Hay multitud de razones por las que nos apresuramos a un «sí» desacertado: estamos de prisa, la otra persona está de prisa, queremos que cuelguen de una vez el teléfono, es más fácil hacerlos callar y resolverlo después (no, no lo es y lo sabes), pensamos que lo que sea que nos piden suena correcto… y después nos damos cuenta de a qué nos comprometimos.

Por otro lado, si nos apresuramos con un «no» automático, es posible que lo lamentemos. Fíjate cuál es la corazonada que sientes hacia la solicitud y también intenta determinar la razón para tu reacción negativa.

Quizá tengas el hábito de decir «no» en ciertas situaciones. Tal vez estés tan acostumbrada a poner un alto a los constantes intentos de tus hijos por eludir los límites que estableciste, que no te detienes a pensar que quizá ya tienen otra edad y podrías hacer algunas concesiones.

Es posible que siempre digas «no» sin pensarlo, cuando tu compañera de compras te sugiere que te pruebes otro color, pero ¿qué pasaría si por una vez en la vida dijeras que sí? Quizá tu «no» habitual demostraría su validez, pero también podrías descubrir que ese matiz específico de verde le va a tus ojos o que sí puedes ponerte un cinturón… ¿qué te parece? Sí, te ves bien.

Tu respuesta negativa refleja puede surgir del temor cuando, por ejemplo, te piden que asumas una tarea demandante en el trabajo o que hagas una presentación, que des un discurso en una recepción o asistas a un evento social que suena abrumador.

Es posible que, al reflexionar en ello, quisieras tener oportunidad de participar en el nuevo proyecto y te sientas complacida de que te lo pidan. Puedes prepararte para dar la presentación; después de todo, ayudará a tus perspectivas laborales y a la larga tendrás que acostumbrarte a ello. Lo mismo ocurre con el discurso. En cuanto a la actividad social, ahora eres una adulta. ¿Qué te abruma? Sabes ponerte el atuendo correcto…, en fin, date una cachetada para que reacciones y asiste.

En teoría, es más fácil decir «no» y después decir que cambiaste de opinión, que acceder a algo y luego echarte para atrás. En la práctica no es así. Una vez que te negaste, asumiste tu posición y se te percibe de cierto modo, y la otra persona sigue con su vida y hace arreglos diferentes. Puede ser bastante difícil retractarse de un «no», así que piensa si realmente quieres decirlo.

Acostúmbrate a hacer una pausa automática. Espera uno o dos segundos antes de hablar. Esta estrategia te librará de cualquier cantidad de problemas. ¿No desearías haberlo hecho cuando…? ¡Ya sabes cuándo!

Sé receptiva

Al hacer tus pausas, demuestra que escuchas lo que el otro dice. Eleva un poco tus cejas, asiente y sonríe levemente. Aunque no te guste lo que estés oyendo, le importa lo suficiente a la otra persona, puesto que hizo esa petición y, en algunas circunstancias, quizás hubiera tenido que hacer acopio de mucho valor para acercarse a ti con su solicitud. Así que no te cuesta nada ser amable. Puedes acompañar tu expresión receptiva con murmullos de *ah, oh, ajá*, mientras tu cerebro se pone en marcha y empiezas a procesar la propuesta.

Repite la petición

Esto te da un poco más de tiempo y confirma que escuchaste correctamente.

- «Entonces ¿quieres que vaya en este momento a tu casa a cuidar a los niños?».
- «*Ya entiendo, te gustaría que me ocupe del trabajo de Jason mientras él está de vacaciones*».
- «*Tu idea es que vayamos al cine y por una pizza*».
- «*Entonces me estás pidiendo que sea tu patrocinadora para que corras el maratón*».

Controla tu lenguaje corporal

Aun si tu reacción interna es que prefieres alguna espantosa forma de tortura medieval en lugar de hacer lo que te piden, no dejes que se demuestre en tu cara. *No* sonrías de manera alentadora, ya que eso dará la impresión errónea, pero tampoco frunzas el ceño ni sacudas la cabeza mientras la otra persona habla. Mantén tu expresión seria e inmóvil, y asiente solo una vez para demostrar que entiendes, no que accedes. Asegúrate de que tu voz sea neutra, no ahogada, y tampoco sarcástica (ni siquiera ligeramente).

Entérate de los detalles

A veces estamos tan ansiosas de ser agradables y serviciales que decimos «sí» a una petición cuando apenas hemos absorbido los detalles de lo que se nos pide. En nuestro deseo por parecer la que todo lo arregla y la mejor amiga de todos, volvemos una cuestión de principios no demostrar molestia alguna por una petición.

Creemos que cualquier señal de duda se tomará como respuesta negativa e indicará que en realidad no somos buenas para colaborar con los demás. De modo que abrimos la boca antes de encender el cerebro y descubrimos que estuvimos de acuerdo en ir a una despedida de soltera que resulta ser un fin de semana en un hotel *spa* en Dubrovnik, cuidar al hijo de alguien cuando teníamos otros planes, hacer panquecitos para una recolección de fondos cuando pensamos que solo ayudaríamos en uno de los puestos de la kermés, que daríamos una «breve» presentación que se convierte en algo que requiere horas y horas de preparación cuando ya tenemos demasiados compromisos...

Podrías preguntar:

- ¿Cuánto tiempo crees que se lleve eso?
- ¿Qué es exactamente lo que quieres que haga?
- ¿De qué clase de apoyo se dispone?

Así te enteras de lo que implicará la petición y puedes decidir si quieres participar o no.

Discúlpate

Un breve pero sincero «lo lamento» es justo lo correcto en la mayoría de las circunstancias. Pero no te humilles ni adornes esto con adjetivos acerca de cuánto lo lamentas: «de verdad», «en serio», «realmente». Simplemente no los digas.

Cuando inicias con eso, la persona sabe que lo que viene después es una negativa. A veces ni siquiera necesitas decir nada más; basta un simple «lo lamento», junto con una negación con la cabeza. Cuando estés a punto de decir algo más, no permitas que domine el aspecto pesaroso de la palabra. Eres sincera, pero probablemente no lo lamentas mucho. Esa no es una expresión sincera de profundo arrepentimiento, sino solo una clave social que permite que los encuentros sean tranquilos y corteses.

Muestra comprensión

Ya repetiste los hechos o confirmaste que habías entendido. Ahora, siempre que sea conveniente, demuestra que entiendes la situación de la persona y por qué te hizo la petición. Esa declaración puede iniciar con una frase como:

- Me doy cuenta de que… necesitas ayuda para organizar ese evento.
- Entiendo que… no tienes a una persona que cuide de los niños.
- Comprendo que… necesitas eso con urgencia.
- Agradezco que pensaras en mí porque… necesitas encontrar a alguien que haga el trabajo de Jason.
- Sé que… llegarías más rápido si te llevo en el coche.
- Entiendo que… les gustaría que fuera con ustedes.
- Estoy de acuerdo en que… ir al cine y por una *pizza* es una opción.

La palabra «no»

Este es el momento en que dejas en claro tu negativa. Es probable que la otra persona haya escuchado el «pero» en tu voz y lo haya visto en tu lenguaje corporal. Aunque estén preparados para una negativa, «pero» puede sonar bastante displicente y tiene el efecto de suscitar que la persona ignore todo lo que se ha dicho antes. Si te resulta difícil decir «pero», intenta una frase de conexión como «el asunto es» o «esta es la situación», «tengo que decirte» o «sin embargo».

Estas frases son fáciles de decir y conducen a una negativa amable, pero firme. La otra posibilidad es deslizar la palabra «pero» entre una afirmación completa de empatía y tu negativa.

Luego dices «no». Existen diferentes formas de indicar tu negativa, pero si tienes cualquier duda sobre tu capacidad para transmitir el concepto, asegúrate de decir la palabra «no». Muchas personas estarán más que dispuestas a no escucharla.

- «Me doy cuenta de que necesitas ayuda de alguien para organizar ese evento y me agrada que hayas pensado en mí. El asunto es que tengo que decirte que no».
- «Entiendo que no tienes a una niñera y lo lamento, pero tendré que negarme».
- «Aprecio que pienses en mí, y suena como una noche divertida. Sin embargo, tengo que decirte que no».

Un «no» en medio de la oración suena amable, pero asegúrate de no esconderlo entre las otras palabras:

- «*Entiendo que en este momento necesitas dinero y que debes estar enfrentando una situación difícil, pero no, no voy a prestarte el dinero*».

Otras frases para el «no» son:

- «*Por esta vez, tendré que dejar pasar la oportunidad*».
- «*Eso no me conviene*».
- «*Lo lamento, pero esta vez tengo que negarme*».
- «*Prefiero no hacerlo*».
- «*Gracias, pero no*».
- «*Gracias, pero no por esta ocasión*».
- «*En realidad no quiero hacerlo*».
- «*No me parece*». (Cuida el tono que uses en esta).

Sé franca acerca de tus sentimientos

Examina tu reacción emocional ante la petición y por la negativa con que planeas. En algunas circunstancias, es posible que te avergüence decir que no. Podrías sentirte ansiosa porque la relación se dañará o quizá temas que el otro vea malas intenciones cuando no las tienes.

Reconoce tus sentimientos. Es la actitud honesta y asertiva, y también previene la posible reacción de la otra persona, ya que eres la primera en decir lo que de inmediato le sucederá.

IMAGINA ESTO

Un amigo o familiar te prestó su auto durante una semana cuando estabas desesperada por tener un medio de transporte. Ahora esa persona quiere pedirte prestado tu coche porque el suyo está descompuesto. Tú consideras que esa persona no es buena conductora.

INTENTA ESTO

«¿Sabes qué, Matt?, me apena decirte esto, porque te portaste muy bien conmigo y me prestaste tu coche en esa ocasión, pero me temo que debo decirte que no».

Excusas, razones y mentiras

Una excusa es lo que se te ocurre para librarte de hacer algo, en tanto que una razón es una explicación. Ya sabes lo que es una mentira y las dos anteriores pueden serlo.

Una razón es asertiva, una excusa no lo es. Una excusa carece de convicción y confianza, y a menudo suena débil. Una razón es directa y agrega fuerza a tu negativa.

No tienes que ofrecer ninguna información, puedes decir que no y dejarlo así.

De ti depende elegir cuánta explicación darás a tu negativa. No estás obligada a explicar tus razones, pero en muchos casos es posible que decidas hacerlo, solo para facilitar las cosas en esa interacción.

Tú juzgarás cuánto debes decir o no decir; tu elección dependerá del contexto, las circunstancias y la relación.

Cuando sea apropiado dar una razón para la negativa, sé breve. Si dices demasiado, corres el riesgo de terminar diciendo que sí, y es posible que des varias oportunidades a la otra persona de intervenir y tratar de persuadirte.

Por ejemplo, si te piden que asumas una tarea y no puedes incluirla en tus actividades, no empieces a describir todas las cosas que tienes que hacer. Cuando se trata de una petición amistosa o social, esto puede hacer que suenes un poco pretenciosa («ay, mírame, qué ocupada estoy»), y no quieres dejar esa impresión. En el trabajo, puede parecer que estás estresada y fuera de control, lo cual tampoco es positivo.

Por ejemplo, si dices: «Bueno, podría presidir el comité, pero en este momento las cosas están muy complicadas, con todo el asunto de terminar el trabajo de Doug y luego necesitamos sacar esas cifras, por no mencionar los rendimientos mensuales», sonarás estresada y fuera de control, y también darás oportunidad a alguien de decir: «Ah, no te preocupes del asunto de Doug, cancelaron hace diez minutos, así que te da tiempo para asumir ese nuevo encargo».

Si tu razón para no aceptarlo fue genuina, te complacerá esta noticia. Si fue una excusa, estás atrapada.

Ese es el problema con las excusas: están llenas de huecos. Dices que no puedes hacer una cena porque tienes otra cosa esa noche, y entonces tus invitados cambian la fecha. Dices que no puedes ir a la reunión del club de lectura porque tienes que cuidar a tus hijos o nietos, y la directora del club te ofrece los servicios de su hija como niñera.

Lo más seguro y sencillo es dar una respuesta general que no tenga detalles y deje en claro la negativa.

IMAGINA ESTO

Te piden que asumas una tarea o encargo que no quieres porque ya estás hasta el cuello de trabajo.

INTENTA ESTO

«Aunque suena muy interesante/es el tipo de cosa que me gusta, lamento tener que decirte que no. Mi horario está totalmente comprometido por el momento».

IMAGINA ESTO

Te invitaron a salir a una cita y no puedes asistir, y no quieres decir qué estarás haciendo.

INTENTA ESTO

«Gracias, pero tendré que decirte que no porque ya hice planes».

IMAGINA ESTO

Te invitan a salir de vacaciones con otra persona, grupo o con la familia, y tú no quieres ir.

INTENTA ESTO

«¡Es una idea encantadora! El asunto es que quiero/queremos dejar abiertas mis/nuestras posibilidades para el verano/vacaciones/fin de semana, así que con toda pena tendré que decir que no».

Cuando es un «tal vez»

Pide tiempo

Sé directa en cuanto a tu necesidad de pensarlo dos veces. No hay necesidad de tratar toda petición como si fuera un asunto de vida o muerte, pero pensarlo demuestra que la tomas en serio.

Es buena idea repetir la petición. Esto demuestra que comprendiste y estás dispuesta a pensarla. Prepara una respuesta que muestre que entendiste lo que te pidieron e indique cómo la considerarás.

Pero solo hazlo cuando verdaderamente intentes pensarlo. Si es una táctica dilatoria porque no puedes negarte de inmediato, entonces te estás granjeando problemas a futuro.

Elige entre las siguientes frases

- *Necesito tiempo para pensarlo.*
- *Esto es importante y necesito tiempo para meditarlo con cuidado.*
- *¡Suena muy divertido! Te responderé en diez minutos/una semana...*
- *Necesito diez minutos para resolver unas cuantas cosas antes de poder responderte.*
- *Si necesitas una respuesta en este momento, entonces no, pero si me esperas una semana, quizá te diga que sí.*
- *Necesito consultar mi agenda.*
- *Necesito revisar un par de asuntos en casa antes de poder darte una respuesta definitiva.*

Indica específicamente cuándo y cómo responderás. Deja en claro si necesitas un minuto, una semana o un mes para pensarlo. Di que telefonearás, enviarás un mensaje de texto o correo electrónico, pasarás a avisar o escribirás un mensaje.

Cuando tu intención es decir «no», pero das la impresión de «tal vez»

Hacer preguntas de cualquier tipo da la impresión de que estás interesada. Si de verdad quieres negarte, pero demoras la respuesta mientras te convences mentalmente de decirla, estás siendo injusta con la otra persona.

Respuestas como «No estoy segura», «Depende» o «¿Ya se lo pediste a alguien más?», abren un poco la puerta y alientan al solicitante a seguir insistiendo. Si tu intención es dar un «no» definitivo, no respondas de ese modo.

Un «no» directo

Hay ocasiones en que necesitas dar un «no» rotundo, sin discusiones ni expresión de empatía.

Estas ocasiones pueden incluir negarte a dar permiso o a quebrantar las normas a favor de alguien en casa o en el trabajo, o decir que no a una invitación o sugerencia cuando no se requiere de mayor explicación o reconocimiento.

O quizás existan situaciones en que simplemente no quieres hablar de tu decisión. Tal vez no necesites dar este tipo de respuesta con mucha frecuencia, pero cuando lo hagas, puedes establecer el concepto con firmeza de una manera que indique que no estás dispuesta a discutir o negociar.

IMAGINA ESTO

Tu hija quiere ir a dormir a casa de su amiga. Sabes que los padres de la otra niña no estarán. Ya estableciste que puede ir a dormir a una casa ajena siempre y cuando haya adultos presentes. Dejaste en claro que esta es una norma que no se negocia.

INTENTA ESTO

Dices: «No, Ellie, no puedes ir» o «Ellie, mi respuesta es no» o «Ellie, ya sabes cuáles son las reglas. No puedes ir».

IMAGINA ESTO

Alguien quiere que firmes una petición a favor de una causa a la que te opones. No quieres discutir el tema y simplemente quieres negarte.

INTENTA ESTO

Dices: «No, no estoy dispuesta/no voy a firmar eso».

IMAGINA ESTO

Te piden que contribuyas a un regalo de despedida para alguien a quien apenas conoces. Estás limitada de dinero por el momento y no quieres hacerlo.

INTENTA ESTO

Dices: «¿Sabes qué?, de hecho nunca he cruzado palabra con Joe. Así que no voy a contribuir, pero lo buscaré para despedirme y desearle buena suerte».

Cuando alguien insiste

Cuando te presionan, la tentación es ceder, pero esto dejaría un mal precedente si la gente se da cuenta de que lo único que tiene que hacer es pedírtelo de nuevo. Es necesario que repitas tu negativa y, si es necesario, de manera un poco más firme.

IMAGINA ESTO

Tu amiga quiere inscribirse en una clase de zumba. En realidad eso no te gusta, pero ella insiste porque no quiere ir sola.

INTENTA ESTO

«Lamento que tengas que ir sola, pero realmente no es algo que quiera hacer».

«Quizá tengas razón y me guste cuando esté ahí, pero en realidad no es algo que quiera hacer».

Cuando eso no funciona

Solo debes usar la repetición una o dos veces. Si la persona insiste... ¿recuerdas el asunto del disco de vinil? El modo de desatascar la aguja era darle un empujoncito, con lo cual se movía. Si la otra persona insiste y tú también, llegarán a un punto muerto. Quizá fuera conveniente que pienses en el grado y profundidad de la necesidad que hay detrás de la petición. ¿Por qué están siendo tan persistentes?

Puedes sondear: «Me parece que es muy importante para ti que vayamos las dos».

Si ella descarta este comentario y dice que no es la gran cosa, ambas pueden dejar el asunto en paz y tú dejaste clara tu postura.

Si ella indica que sí le importa mucho, entonces tomarás una decisión. Puedes repetir tu frase esencial, que en definitiva pondría punto final al asunto, o tratarías de entender qué piensa y siente, y empezar a negociar o llegar a un acuerdo.

En todo caso, ¿qué puedes perder? Un buen ejercicio con música sabrosa, un rato de risas, seguido de una copa de vino o de un mojito para recuperarte. ¡Ahí nos vemos!

Cómo decir «no» en el trabajo y seguir causando buena impresión

En general existen dos tipos de «no» en las situaciones laborales. Está el «No por ahora» y el «No, nunca». El primer caso se presenta cuando alguien quiere que hagas algo con urgencia o cuando no puedes hacerlo en ese momento, pero puedes realizarlo en alguna otra oportunidad. Las situaciones de «sobre mi cadáver» son aquellas en que definitivamente quieres negarte a la sugerencia o petición.

En ambos casos, una actitud de cooperación y negociación te ayudará a decir que no, pero al mismo tiempo te seguirán considerando como una persona cooperativa y servicial. De hecho, incrementarás tu estatus y reputación si manejas las peticiones de manera agradable y profesional.

Cuando te interrumpen

Si alguien llega apresuradamente pidiéndote que dejes de hacer lo que estás haciendo y fotocopies un documento, telefonees a alguien o envíes determinado correo electrónico —suponiendo que tu obligación contractual no te exige obedecer toda solicitud— necesitas transmitir un mensaje claro: «No puedo en este momento».

Recuérdate a ti misma que es perfectamente correcto decir esto. De hecho, es la manera profesional de manejar la situación.

Apresúrate a hacer lo que puedas y cuando puedas.

Si necesitas dar una razón, no entres en detalles.

No uses expresiones como «estoy ocupada» —la gente lo odia— y no uses comentarios como «estoy hasta el cuello de trabajo», pues solo te hacen sonar desorientada y aturdida.

IMAGINA ESTO

Estás en una atareada oficina universitaria intentando terminar un envío de folletos que tienen que salir ese día. Alguien quiere que hagas 150 fotocopias de un mapa que necesita para una clase.

INTENTA ESTO

«Entiendo tu situación, Miles. Por el momento no puedo hacerlo, pero lo que sí puedo hacer es tenerlo listo para mañana a las nueve».

IMAGINA ESTO

Te piden que asumas una tarea o función que no quieres, porque ya estás hasta el cuello de trabajo.

INTENTA ESTO

«Debo decirte que no porque mi horario está totalmente comprometido por ahora».

Cuando tienes que decepcionar a alguien

Puede ser difícil decir «no» a alguien que te ha pedido un aumento, ascenso o cambio de condiciones. Reconoce la contribución de la persona y muestra empatía hacia su decepción. Da una razón clara de tu decisión, pero no te desvíes del tema iniciando una charla al respecto.

IMAGINA ESTO

Estás rechazando la petición de tu asistente en cuanto a dejarle la responsabilidad de organizar un evento importante.

INTENTA ESTO

«Max, debo decirte que decidí negarme a tu petición. No creo que estés listo para un proyecto tan grande. Siento decepcionarte por esta ocasión».

El poder del «no»

Practica decir la palabra «no». Posiblemente te convenga hacerlo frente a un espejo o con un amigo o amiga confiable que te haga comentarios. Relaja la cabeza y tus músculos faciales.

Recuerda que puedes decir sí

Aprender cómo decir «no» puede ser estimulante y liberador, en especial si tu renuencia a afrontar de ese modo las peticiones o demandas ha tenido consecuencias dañinas. Utiliza tu nueva capacidad cuando la necesites. No la uses para ejercer tu poder o como vehículo para protegerte.

Si se presentan situaciones en que tu reflejo automático es decir «no», piensa en tus razones. Es posible que tengas una reacción refleja hacia personas específicas o a cierta clase de peticiones.

Si ves a tu jefe como alguien que siempre te hace demandas irracionales, si sabes que tu hijo constantemente te desafía para hartarte hasta que cedas, o que una amiga siempre trata de persuadirte a participar como voluntaria en algún proyecto, es posible que estés dispuesta a decir «no» sin escuchar claramente lo que te dicen o sin considerar las consecuencias de acceder.

Puedes decirle «no» a tu jefe pero ¿qué sucedería si accedieras bajo ciertas condiciones? Puedes decirle a tu adolescente que no puede salir hasta limpiar su cuarto o que no puede ir a un concierto porque mañana tiene clases, pero también podrías decidir si le dirás que sí. Piensa: «¿qué es lo peor que puede suceder?», y cosecha los beneficios de ser comprensiva y una fabulosa mujer inteligente.

CAPÍTULO SIETE

Enfrenta la crítica

Expresar una crítica, ofrecer una crítica constructiva, dar retroalimentación negativa; sin importar cómo lo expresemos, estamos hablando de señalarle a alguien lo que está haciendo mal, cómo está fallando de alguna manera, cómo no cumple con nuestras expectativas o en qué sentido nos desagrada.

Hacemos saber a otro cuáles son sus defectos y de qué manera específica está haciendo mal las cosas. Todo el tiempo expresamos nuestra desaprobación en miles de formas: suspiramos profundamente, parecemos exasperadas, le gritamos a la gente, y tenemos peleas, riñas, discusiones y desacuerdos.

O no. A veces no mostramos ninguna señal externa de que estamos molestas con el comportamiento de alguien. Reprimimos nuestros sentimientos e intentamos que nuestras emociones no sean evidentes. Es posible que no sepamos del todo cómo poner en palabras lo que nos molesta o no confiamos en ser capaces de hablar sin perder por completo el control, al estallar en llanto o agredir físicamente al otro. Creemos que sonaremos estúpidas.

O bien, nos decimos que en realidad no importa, que no vale la pena decir algo. Hermanas mías, cuando hacemos esto, estamos alimentando la mayor mentira de todas: nos mentimos a nosotras mismas.

«Crítica» es una palabra fuerte. No es algo con lo que queramos asociarnos. Cuando vemos a los demás de ese modo, generalmente nuestra impresión es negativa: «Harry es tan quisquilloso», nos decimos, temiendo lo que pueda pensar de nuestra idea, o «No le preguntaré a

Sadie qué piensa de la nueva cocina, porque siempre es muy criticona».
No nos gustaría que se piense que estamos muy dispuestas a encontrar
defectos. No queremos que se nos acuse de ser quejumbrosas.

La palabra «crítica» tiene connotaciones de regaño, de gritarle a
alguien o de apuntar con el dedo acusador. La misma palabra puede
transportarnos a una época más juvenil de nuestra vida, cuando sen-
tíamos ser las receptoras de una retahíla de comentarios críticos sobre
nuestra conducta y apariencia: «Tu falda es demasiado corta o larga»,
«Tus tacones son muy altos o toscos», «No me hables en ese tono,
jovencita, cuida tus modales» ...

Nos transporta al pasado, a los tiempos en que nos castigaban en
la escuela, nuestros padres no nos dejaban salir de casa o dejaban de
darnos nuestra mesada.

Pero podemos dejar atrás el concepto de «crítica» como algo insensible. Somos bastante adultas para regaños, ya sea para darlos o recibirlos. En lugar de ello, mejor recurre al diálogo y a la comunicación,
que son fértiles en todos sentidos, y en los que puedes expresar con
confianza tus pensamientos y sentimientos para compartir tus percepciones, sean positivas o negativas, de un modo apropiado que mejore y
desarrolle la calidad de tus relaciones y experiencias.

Qué significa

¿Qué es lo que hacemos al criticar? Explicamos a alguien que lo que hace,
o el modo como se comporta, es angustiante, doloroso o perjudicial para
nosotros de alguna manera, o quizá, que simplemente es inconveniente
o nos causa molestia o irritación. Comunicamos a alguien que lo que está
haciendo o ha hecho no cumple con nuestras expectativas.

Estas expectativas podrían ser una norma de desempeño en el trabajo o una norma de comportamiento explícita o implícita, y puede
aplicarse a un rango diverso de situaciones. Si te apegas a estos pará-
metros, la idea de decir algo negativo se vuelve menos abrumadora. No
estás siendo desagradable, cruel u horrible. No estás atacando a nadie.
No intentas causar daño, dolor o vergüenza.

Buenas razones para quedarse callada

No tienes que comunicar cada pensamiento y emoción que te perturbe. Hay ocasiones en que ponerte un candado en la boca es lo mejor que puedes hacer. Lo que necesitas es examinar tus razones para guardar silencio. Considera la posibilidad de callar cuando:

El comportamiento en cuestión es levemente molesto y tu molestia desaparece con rapidez.

Prueba utilizar una escala del 1 al 10 para calificar la magnitud del comportamiento. ¿Cuánto te importa? Si está por debajo de 5, podrías tratar de dejarlo pasar por el momento. ¿Qué tan duradero es su efecto? De nuevo, si el número es inferior a 5, considera dejarlo en espera por ahora y vuélvelo a pensar si sucede otra vez.

No ganarás nada al expresar tus sentimientos.

Hay ocasiones en que no se ganará nada: no solo es imposible cambiar o rectificar la situación, sino que tampoco servirá para sentirte mejor.

Has tenido encuentros «críticos» recientes o frecuentes con esa persona.

Quizá decidas no responder de inmediato, pero tendrás una conversación acerca de la situación en una fecha posterior.

Aunque tal vez estés más que justificada en lo que te apetece decir, es posible que desees examinar la naturaleza de tus enfrentamientos con ese individuo y, si incesantemente han sido críticos, es posible que quieras detenerte a pensar en cómo equilibrar tu comunicación.

En todo caso, recuerda: solo porque puedas no quiere decir que tengas que hacerlo.

Malas razones para mantenerse callada

Casi no vale la pena mencionarlo

Aunque tu molestia esté por arriba del 5 en la escala del 1 al 10, posiblemente pienses que el comportamiento en sí, eso que te molesta, es demasiado trivial como para sacarlo a relucir. Pero no lo es.

Si te molesta tanto, no importa cuán leve pueda parecerte. En el ambiente doméstico, el hábito de dejar platos sucios por toda la cocina, o de quejarse cuando tú haces lo mismo, puede parecer como una pelea sin importancia, pero cuando compartimos el mismo espacio de vivienda, los hábitos y rutinas adquieren un lugar importante en nuestro bienestar.

Si un amigo o familiar siempre llega tarde a las citas, cancela de último minuto o mira constantemente al reloj cuando estás hablando con él o ella, es posible que sientas falta de interés o respeto hacia ti, y eso tendrá un efecto en la relación.

El elemento importante no es la conducta en sí. Lo que importa es cómo reaccionas a eso y el modo en que te afecta.

Tienes miedo de lo que sucederá

Si tomas esa postura, cedes el control a los demás. Permites que tu percepción de los sentimientos ajenos domine y moldee la relación, y te sientes desdichada por mantener una situación insatisfactoria a causa del temor infundado a las consecuencias de una comunicación abierta.

Prepárate en lugar de asustarte. Puedes exponer tus sentimientos de un modo que no ofenda y aclare los malos entendidos; sin embargo, habrá un cambio, de eso se trata. Todo cambio será incómodo, incluso aquellos que nos agradan, pero disponte a adaptarte a una relación ligeramente diferente. Sí, diferente, pero mejor. Las peticiones bien ubicadas y presentadas de manera sensible sobre un cambio de comportamiento conducirán a mayor comprensión y respeto. Y eso es bueno, ¿no te parece?

Efectos negativos de reprimirte

Si te reservas sentimientos y permites que las pequeñas quejas y resentimientos se vayan acumulando hasta volverse enormes, lo más probable es que algún día estalles en un arranque de enojo o frustración. Los efectos dañinos de este tipo de explosiones superan con mucho la incomodidad inicial de hacer un comentario negativo.

El esfuerzo por suprimir tus sentimientos puede causar estrés y tensión, y afectar tu bienestar mental. Quizá sientas que estás manteniendo la paz, pero estás atrayendo problemas tanto para ti como para tus relaciones personales y laborales.

Cuando expresar críticas es la mejor opción

Una vez que decides que lo correcto es expresar tu problema o queja, no lo espetes así como así. Medita lo que quieres decir y cómo lo dirás. Aplica el mismo proceso de preparación sin importar cuál sea la persona o circunstancia, y concédele el mismo grado de reflexión y respeto.

Identifica el tema principal

Cuando algo te moleste, trata de identificar la causa principal de tus sentimientos. A veces tu irritación por una conducta obvia y fácilmente identificable es señal de preocupación o insatisfacción más profunda. Por ejemplo, criticas la manera de vestir de tu hijo, pero la verdadera preocupación es que está adoptando la vestimenta de su nuevo grupo de amigos que no te agradan.

Identifica tus motivos

Existen dos motivos principales para expresar una crítica:

Quisieras que la otra persona cambie de algún modo su comportamiento. Te gustaría que deje de hacer algo, que empiece a hacer algo o que haga algo de manera diferente.

Quieres expresar tu insatisfacción, enojo, irritación o molestia en una situación en la que resulta inadecuado pedir un cambio. En tales circunstancias, quieres decir algo que traes en mente, aunque no se pueda hacer nada para cambiar los sucesos.

Existen otros motivos que no tenemos que detallar aquí. Tal vez solo quieras atacar a alguien porque sí, cobrar venganza o hacerlo sentir incómodo.

Quizás agredas a un individuo porque es más débil que tú y no te responderá, o simplemente porque puedes.

Pero ninguno de estos motivos describe tu conducta asertiva y adulta, así que ninguno se aplica en tu caso, ¿no es cierto?

Expresa el concepto principal

Decide exactamente qué pedirás. Sin importar lo que sea, presenta tu planteamiento de un modo que posibilite la discusión y conceda espacio y flexibilidad a la otra persona. Considera esto como un proceso de tres partes: describes la situación, dices cómo te sientes y cómo te afecta, y señalas el cambio que te gustaría.

Describe el comportamiento

Sé específica acerca del comportamiento que criticas. Se trata del comportamiento y no de la persona; es el hecho y no quien lo hace; se refiere al pecado y no al pecador.

No intentes difamar en general a la persona, más bien enfócate en lo que es concreto y observable. No se trata de «Es tan desconsiderado», sino de «Hace arreglos que nos afectan a ambos sin preguntarme lo que me conviene». No se trata de «Ella es tan insidiosa», sino de «Ella hace comentarios poco amables e hirientes». En tu cabeza, sustituye «Le encanta llamar la atención y es un egoísta trepador» por «Asumió todo el crédito de nuestro proyecto conjunto».

La descripción debe ser breve y serena. Esto implica evitar generalizaciones como «siempre» y «nunca». Términos tan generales expresan tu frustración o molestia, pero rara vez son exactos y debilitan el impacto de tu exposición.

No utilices lenguaje crítico o descripciones exageradas. Decir «Andas por ahí como si fueras el amo y señor del lugar» o «Cuando saliste contoneándote» pondrá a la otra persona a la defensiva y eso puede llevar a que la conversación se desvíe a discusiones improductivas como «No, no lo hago/hice» y «Sí lo haces/hiciste».

No trates de leer la mente. Evita frases como «Pareces pensar...» o «Tratabas de hacerme parecer estúpida». Otras frases que debes evitar son expresiones como «Tu problema es que...».

Identifica tus sentimientos acerca de la conducta

Toma algún tiempo para identificar con la mayor precisión posible cómo te afecta. ¿Te sientes molesta o enojada? ¿Alterada, herida, humillada? ¿Frustrada, preocupada, ansiosa? ¿Harta, desesperada, aburrida? ¿Que han abusado de ti, explotada, menospreciada? «No estoy enojado, solo herido», cantaban los Everly Brothers con sus dulces, elevadas y melodiosas voces en la canción *I'm Not Angry*. Pero esperaban que la chica que los abandonó rasgara su vestido nuevo, usara zapatos que le lastimaran los pies, tuviera un coche que no encendiera... es decir, eso no describe sentirse herido, sino enojado. El asunto de los zapatos en particular. Ni siquiera a nuestro peor enemigo le desearíamos que tuviera juanetes y callos; bueno, tal vez uno minúsculo en el dedo chiquito del pie...

Puedes decidir no comunicar la verdadera profundidad de tu respuesta. Por ejemplo, en las situaciones laborales, o con alguien que no es muy cercano, puedes usar una palabra o expresión insulsa como «preocupada» o «sorprendida», «desconcertada» o «alterada».

Piensa en el punto de vista de la otra persona

Quizás hayas vivido con el problema durante algún tiempo y es posible que la persona con quien hablas no tenga consciencia de que hay un problema ni se percate de cuánto te afecta. Entonces existe la posibilidad de que no responda del modo que imaginas, así que prepárate para lo inesperado.

Describe cómo te afecta la conducta

Este es un paso crucial para crear un entendimiento, pues aquí es donde dejas clara la razón por la que es importante. Si no tienes nada que decir al respecto, no puedes expresar con precisión por qué te sientes así, entonces detente un momento y piensa de nuevo en tus razones para sacar a relucir el tema.

Si desde un principio dices cómo te afecta, evitas que la otra persona tenga que preguntar, lo cual puede hacer de manera desafiante, así que es buena idea resaltar de inicio el asunto principal. De este modo, decir

«Me molesta y frustra que canceles de última hora, porque entonces es demasiado tarde para que pueda hacer otros planes», es más claro que «Es tan molesto que canceles de última hora».

Cómo pedir un cambio (si es apropiado)

Cuando deseas un cambio específico en el comportamiento de alguien, es en este punto cuando dices qué quieres. En algunas situaciones será algo directo, en especial si se trata de reglas y procedimientos, ya sea en casa o en el trabajo.

Sin importar cuál sea el cambio, dilo en forma clara y concreta, y en términos positivos. No digas qué quieres que dejen de hacer, sino lo que te gustaría que hicieran. En vez de decir «En el futuro no llegues tarde», di «Necesito que llegues a tal hora». En lugar de «Me gustaría que dejes de hacerme encargos de última hora», di «Me gustaría saber anticipadamente sobre los trabajos pendientes, para poder organizar mi tiempo».

IMAGINA ESTO

Cuando visitas la oficina de tu pareja, él o ella pasa mucho tiempo platicando de asuntos de trabajo con otras personas mientras a ti te deja sola, lo cual para nada te gusta.

INTENTA ESTO

«No tengo ganas de ir la próxima semana a la fiesta del club. Entiendo que es una buena oportunidad para que te pongas al día con la gente, pero cuando me dejas sola me siento incómoda y cohibida. Me gustaría que limitaras las conversaciones que me excluyen».

Cuando no quieres pedir un cambio

A veces debes pedirle a alguien que renuncie a cierto comportamiento, y dejarlo así. Si eres receptora de comentarios denigrantes o vengativos, puedes decir simplemente «No me gusta ese tipo de comentarios y te pido que dejes de hacerlos».

Lo que quizá quieras añadir es que deseas que la persona empiece a tratarte con respeto y a reconocer que eres una diosa. Piénsalo, pero no lo digas. Lo único que estás haciendo es servirles de guía y ellos se darán cuenta.

Puede ser que sigas furiosa por algo que sucedió y que no se puede cambiar. Lo mejor sería aceptar la situación y seguir con tu vida, pero si crees que no puedes hacerlo hasta que hayas expresado tus sentimientos a la persona apropiada, entonces di algo como «Me doy cuenta de que no se puede hacer nada con la nueva organización, pero necesito decir que las consultas fueron apresuradas e inadecuadas. Eso es lo único que quiero decir».

Solicita retroalimentación

Obtén la reacción de la otra persona. Pregunta si entiende el concepto que quieres transmitir y usa frases como «¿Qué piensas?» o «¿Cómo te parece eso?».

Escucha lo que tengan que decir. Prepárate a cambiar tu punto de vista si te ofrecen una perspectiva diferente sobre el tema. Muchos devolvemos el golpe cuando sentimos que se nos ataca y diremos cosas como «¿Y tú qué dices? ¡Mira quién habla!», «Yo no soy el único» o «No es justo».

Si piensas que pueden tener razón acerca de tu conducta, coincide, pero no permitas que te arrastren a discutirlo. Puedes decir: «Sí, sé que también puedo ser desconsiderada, pero de lo que quiero hablar ahora es de…».

Si te parece que tienen razón acerca de alguien más, simplemente reconoce de una manera general lo que dicen: «Quizá sea cierto que Gerry siempre hace lo mismo, pero ahora estamos hablando de…».

IMAGINA ESTO

Expresaste tu opinión sobre la fiesta del trabajo. Tu pareja dice: «¡No deberías sentirte incómoda! Es una buena oportunidad para que pueda establecer contactos».

INTENTA ESTO

«Quizá no debería sentirme incómoda, pero así me siento. Quiero que me incluyan en las conversaciones. Me divertiría más si puedo entrar en la plática contigo».

Sigue adelante

Al final de la conversación, ambos necesitan saber en qué posición quedan. Cuando sea apropiado, especifica cualquier consecuencia que se presentará si no cambian las cosas. En las situaciones laborales deben especificarse resultados precisos, como realizar acciones determinadas o poner el asunto en manos de otra persona. Es posible que esto también se aplique a tu vida personal.

IMAGINA ESTO

Das una gran fiesta familiar, y aunque tus hermanos ofrecieron ayudarte, se olvidan de ello, mientras tú cargas con todo el trabajo. Ya has hablado antes sobre eso, pero nada cambia. Estás realmente harta de la situación.

INTENTA ESTO

«Me encanta que todos vengan, pero no estoy preparada para ocuparme de todo el trabajo yo sola. Necesitamos encontrar una forma de distribuir la carga. Si no podemos llegar a un acuerdo y respetar un arreglo diferente, tendremos que encontrar otro sitio para la fiesta de compromiso de Laura».

Cómo empezar y terminar una conversación crucial
Frases útiles para señalar tus intenciones:

- *Hay algo que necesito decirte.*
- *Hay una cosa que me está molestando.*
- *Hay algo que tenemos que discutir.*
- *Me gustaría hablarte de una cosa.*

Frases útiles para terminar tu discusión:

- *Qué bueno que hayamos aclarado el asunto.*
- *Me alegra que hayamos logrado despejar la atmósfera.*
- *Gracias por esto. Me siento mucho mejor luego de hablar del tema.*

Frases útiles para introducir una crítica sobre la conducta de alguien:

- *Quizá no te hayas dado cuenta, pero...*
- *Estoy segura de que no tienes la intención de que parezca así, pero...*

Frases que debes evitar:

- *Y además...*
- *Y ya que hablamos del tema...*
- *Estoy harta de que tú...*
- *Ya tuve suficiente de tu...*

Tiempo y lugar

Necesitas sentirte en control de ti misma y de tus emociones cuando inicies este tipo de conversación difícil. Si te sientes mal o estás cansada, estás hambrienta o borracha, o si tienes cualquier problema físico o estado mental que afecte tu estado de ánimo y nivel de energía, no te embarques en una discusión.

Piensa también en el estado de ánimo del otro. Aunque manejes estupendamente la discusión y muestres respeto y empatía por la otra persona, puede resultarle difícil aceptar tus palabras y quizá quiera pensar un poco más en lo que has dicho, así que cuida que la charla se dé en el momento oportuno.

Es posible que te hayas pasado todo el día convenciéndote de que dirás algo, pero tal vez no sea buena idea soltarlo todo en el momento en que la persona cruza la puerta. No saques a relucir un tema negativo justo antes de salir a una cena o cuando alguien está molesto o perturbado por otra cosa.

En el otro extremo de la escala, podría ser conveniente no estropearle la fiesta a alguien que está feliz y optimista.

También puedes elegir las circunstancias en que discutirás tales asuntos. El contexto afecta todas las conversaciones. Algunas pláticas cruciales requieren la seriedad de una situación formal, en tanto otras pueden llevarse a cabo en la mesa de la cocina, mientras se come o bebe (aunque con cuidado si se trata de bebidas alcohólicas), en una caminata, en un sitio tranquilo en la oficina, en el espacio de trabajo, mientras cocinas, conduces, etcétera.

Hablar mientras conduces puede funcionar bien cuando quieres hablar de algo con un adolescente. El movimiento del auto es tranquilizador, el escenario es distractor y mirar hacia delante puede ser menos vergonzoso o incómodo para ellos que una charla frente a frente.

Cómo manejar la crítica ajena

Seamos francos, nunca se siente bien. Ya sea que venga de la nada, tomándote por sorpresa, o sea algo para lo que estás preparada, es probable que reacciones como si se te atacara, lo cual, por cierto, es verdad. El corazón te palpita, te sientes un poco temblorosa y quieres devolver el ataque a la persona que está hablando o salir corriendo a esconderte. Pero puedes enfrentar la crítica o los comentarios negativos de manera madura.

Conserva la calma

La clave para manejar estas situaciones con desenvoltura y confianza es mantener la calma. Así que si te toman por sorpresa, no puedes pensar con claridad y sientes que vas a estallar en llanto, no respondas. Di algo como «Necesito pensar en ello. ¿Podemos hablar después?», y retírate de la situación.

Acepta lo que se dice

Tu instinto al escuchar algo desagradable o difícil podría ser meterte los dedos en las orejas y cantar: «No oigo, no oigo, soy de palo».

Sé inteligente. Una estrategia es considerar el mensaje como información que alguien te da, y si se procesa de manera correcta, te ayudará personalmente y también a la relación.

Incluso podrías considerar lo que se dice como una dádiva: alguien tiene la suficiente conexión y relación contigo como para tener el deseo de dar el difícil paso de decirte algo que quizá no quieras escuchar o de lo que no eras consciente.

La crítica es verdaderamente constructiva cuando conduce a una situación mejor. Es posible que no tuvieras idea de que tu pareja odia las largas conversaciones telefónicas que tienes con tus amigas o tu hermana por las noches.

Podría ser que tu pareja no sepa lo irritante que resulta para ti encontrarlo jugando con su iPhone (o, según te quiere hacer creer, investigando un dato importante). Cuando se saca a relucir un aspecto negativo de tu conducta, sin importar lo extraño que te parezca, toma un momento para ver la situación desde la perspectiva de la otra persona y ponte en sus zapatos.

Escucha y verifica que sí entendiste

Escucha las palabras y repítelas. Habla con calma e ignora el tono en que te hablaron. Esto ayudará a que tu comunicación esté en un plano equilibrado. Verifica que recibiste el mensaje transmitido:

- *«Muy bien, entiendo que estés molesta porque no te invité anoche a la cata de vinos»*.
- *«Estás enojada porque no recogí la ropa de la tintorería»*.
- *«Estás diciendo que no colaboro con los demás»*.

Necesitas aclarar las cosas:
- *«¿Estás diciendo que nunca te consulto los planes o estás refiriéndote al fin de semana pasado?»*.

Verifica los motivos

Evalúa qué hay detrás de la información. Si es un comentario sincero, aunque no se ajuste del todo a tu punto de vista de la situación, prepárate para tratarlo con seriedad. Si sabes que alguien te está atacando por deporte, no gastes tu energía respondiéndole. Simplemente di algo como: «No lo creo», «No me parece que así sean las cosas» o «Yo no lo veo así desde mi perspectiva», y olvídalo.

Cuando no estás segura de qué hay detrás del comentario

A veces sientes que hay una crítica implícita, aunque no dicen nada específico. Tienes dos opciones: puedes elegir creer o responder como si no hubiera ninguna crítica, o pedir más información.

El tipo de comentario ambiguo que posiblemente experimentes puede ser:

- «¿Eso es lo que te vas a poner?».
- «¿Fuiste con otro estilista?».
- «¿Ese vestido es nuevo?».
- «¿Lo hiciste tu sola?».

Si quieres responder como si no sospecharas que existe crítica, da un simple «sí» o «no» y cambia el tema de inmediato, sin dar espacio para una discusión adicional.

Si quieres averiguar la implicación detrás del comentario, haz una pregunta, pero ten cuidado de que tu voz siga neutra y no suenes agresiva o defensiva.

Respuestas útiles

Responder pidiendo más información:

- «Sí, decidí ponerme esto. ¿Por qué lo preguntas?».
- «No, es el mismo estilista de siempre/Sí, la persona que generalmente me atiende ya se fue. ¿Te parece que mi peinado es diferente?».
- «Tienes razón, es nuevo/No, no es precisamente nuevo. ¿Por qué lo preguntas?».
- «Sí, lo hice yo/No, no lo hice yo. ¿Es importante?».

Este tipo de respuesta puede dar lugar a un comentario crítico, así que prepárate y decide cómo enfrentarlo.

Por el contrario, podrías recibir una respuesta como «Solo preguntaba», lo cual, de hecho, es bastante manipulador y está diseñado para hacerte sentir como si hubiera algo mal, pero sin decirlo. En tales circunstancias, puedes recuperar el control de la situación si dices algo muy agradable y evasivo como «Bueno» o «Bien». Si quieres determinar con precisión qué se está criticando (sin embargo, por qué mencionarlo tú, a menos que sea importante que lo sepas), puedes decir: «Pareciera que no te gusta» y ver qué información obtienes. Pero, vamos, si se trata de alguien que solo te quiere desconcertar, ¿por qué darle la satisfacción?

Respuestas que desvían la crítica

Si tu respuesta demuestra firmemente que tu punto de vista sobre el tema a discusión es positivo, dificultas que la otra persona sea crítica.

- «Sí, éste es el vestido que decidí llevar, me siento bien con él».
- «Es el mismo/Es otro estilista. Me gusta mucho cómo me tiñe las mechas».
- «Sí, lo compré hace poco y me encanta/No, lo he tenido desde hace un tiempo. Es uno de mis favoritos».
- «Sí, lo hice yo/No, no lo hice yo, y estoy tan contenta del resultado».

Acepta la responsabilidad

Si la crítica es totalmente válida, date por vencida, y admítelo:

- *«Tienes razón, ese fue un error por descuido».*
- *«Sí, entiendo que debería haber verificado las cifras antes de entregar el informe».*
- *«Pude haberlo pensado dos veces antes de contar ese chiste de banqueros».*

Tu aceptación debe ser breve e ir al grano. No empieces a flagelarte: «Ay, no tengo remedio con este tipo de cosas/siempre hago lo mismo/soy una pésima amiga».

Si quieres hacer algo sobre el aspecto que está bajo escrutinio, puedes añadir un comentario con el que asegures que te comportarás de otro modo en el futuro: «La próxima vez seré más cuidadosa/meticulosa/reflexiva».

Si no pretendes cambiar, no digas nada o reconoce la «falta»: «Lo sé, tiendo a dejar las cosas para el último minuto. Me gusta la presión»/«Soy un poco descuidada con los detalles; para ser franca, me aburre ocuparme de los aspectos simples».

Agrega un valor

Puedes lograr que el intercambio sea más productivo pidiendo ayuda o ideas sobre las maneras de mejorar las cosas: «Tienes razón, no he sido muy comprensiva con Fran. ¿Se te ocurre algo que pueda hacer para resolverlo?».

Establece un equilibrio

Si la crítica se refiere a algo que no es típico de ti, dilo: «Lamento que pienses que ese restaurante era demasiado caro para algunos de los miembros del grupo. Generalmente tomo en consideración las circunstancias de los demás».

Discúlpate

Ofrecer una breve disculpa suele ser apropiado. Asegúrate de que te refieras al elemento pertinente, que es el daño, la incomodidad o inconveniente que causaste a alguien. Di: «Perdóname por hacerte esperar.» y no «Perdóname, soy malísima para fijarme en la hora».

Cuando necesitas compensar por algo

Si tu acción o inacción ha complicado las cosas a alguien, pregunta si puedes hacer algo para remediarlo: «Siento haberme demorado. ¿Puedo hacer algo para acelerar las cosas?».

Crítica genuina pero imprecisa

Si estás en total desacuerdo con algo que te lanzaron a la cara, dilo. Pero no lo hagas de manera irritable. Haz una pausa, repite la afirmación y di algo como: «No estoy de acuerdo contigo en absoluto. Me pregunto qué hice para darte la impresión de que soy floja/hipócrita/injusta».

Escucha la respuesta. Tal vez aprendas algo sobre cómo afecta tu conducta a los demás. Si entiendes la postura del otro, dilo así: «Puedo ver por qué te pareció así. Pero no estoy de acuerdo en que yo sea...».

Autoprotección

Respondemos con mayor contundencia a una crítica alusiva a los aspectos de nuestra persona que más nos importan. Si ser pulcra o confiable, desconsiderada o buena cocinera no te importa tanto, es probable que manejes con tranquilidad la crítica hacia tu comportamiento en esas áreas. Sin embargo, si es importante para ti ser una amiga confiable o una colega considerada, te sentirás incómoda cuando alguien encuentre defectos en tu comportamiento en esos aspectos.

Tener conciencia de los valores y conductas que son esenciales para tu persona te ayudará a controlar tu respuesta ante la crítica. Tu instinto automático en esos casos quizá sea responder a la defensiva y con enojo. Reconoce cuando esta respuesta empiece a aparecer y acuérdate de conservar la calma y escuchar lo que te dicen.

IMAGINA ESTO

Haces un gran esfuerzo por lograr que tus hijos coman sanamente. Una amiga nota que están comiendo papas fritas y dice: «¿No te molesta que coman esa basura?».

INTENTA ESTO

Respira profundamente y tranquilízate. Dite a ti misma que no vas a permitir que sus palabras te alteren y responde algo como: «Sé que están comiendo papas fritas en este momento, pero en general me ocupo de que no coman alimentos chatarra».

CAPÍTULO OCHO

Situaciones complejas en tu vida personal y social

Respuestas para preguntas difíciles

No, no hablo de aquellas sobre el sentido de la vida, el universo o los problemas políticos de Medio Oriente, que son fáciles en comparación con las preguntas casuales o no tan casuales que te hacen desear que se abra la tierra y te trague.

Tales preguntas surgen a menudo en entornos sociales y se relacionan con personas con las que no tienes una cercanía particular; en general no suelen ser maliciosas, pero requieren que reveles cosas de las que prefieres no hablar o se centran en áreas de tu vida en las que quizá te sientes insegura o vulnerable en ese momento.

No reveles demasiado

Es útil recordarte que no es necesario ser totalmente sincera. Sabemos que la asertividad tiene todo que ver con la apertura y la franqueza, pero eso no significa una revelación completa y absoluta de todo lo que te sucede.

Ya sabes qué pasa cuando dices casualmente «¿cómo estás?», y eso te lleva a perder media hora de discusión en el pasillo del supermercado sobre cada instante del mal día de alguien, cuando tu único propósito era ser amistosa.

No estás obligada a contarle a todo el mundo que tu hijo reprobó todas las materias o que tu expareja se largó con tu mejor amiga. No tienes que revelar que tuviste una pelea con tu suegra, tu nuera, tu jefe o tu vecina, que tus hijastros te odian o que subiste trece kilos desde que dejaste de fumar.

Prepara una respuesta

A veces nos toman completamente por sorpresa, pero con frecuencia sabemos que es probable toparnos con determinadas personas que de manera automática harán ciertas preguntas o sacarán a relucir temas particulares.

Es probable que el tipo de información que nos piden sea, o esté a punto de ser, de dominio público y, sin importar cómo respondas, los hechos se revelarán.

La manera como presentas tu respuesta muestra la versión «oficial» que deseas que tengan los demás. Sin importar tu interpretación privada y tus sentimientos sobre el tema, puedes elegir cómo la presentarás al exterior. Integrar en tu respuesta un indicio dirigido a lograr que la persona se haga una idea de cuál es tu postura sobre el asunto, no solo te protege a ti, también es muestra de cortesía hacia la otra persona pues evita que meta la pata.

Las siguientes sugerencias son para ocasiones en que quieres manejar el intercambio de manera socialmente aceptable sin revelar gran cosa. Una respuesta asertiva en tales circunstancias te protege de sentirte presionada o persuadida a decir cosas que no quieres.

Elige una sugerencia que te funcione o adapta estas ideas para formular tu propia respuesta, y luego practica cómo la dirás.

IMAGINA ESTO

Estás felizmente soltera y la gente te pregunta por qué no te has casado.

INTENTA ESTO

Hay gran cantidad de respuestas ingeniosas que puedes dar para este tipo de preguntas, pero corres el riesgo de sonar defensiva o agresiva.

Te sugiero que tu respuesta sea agradable y sosa:

«Así estoy feliz. Pero gracias por tu interés/preocupación» (dicho con una gran sonrisa).
«Absolutamente sin comentarios» (dicho con una gran sonrisa).
«¡Es información clasificada!» (dicho con una gran sonrisa).

Puedes usar las sugerencias anteriores para preguntas que traten, por ejemplo, de cuándo vas a tener hijos o cuándo tu pareja y tú decidirán casarse. Si esos comentarios son frecuentes y tienen una calificación alta en la escala de agresión, tal vez debas ponerle un alto a la persona: «¿Te digo algo? Me gustaría que dejes de preguntarme eso». Otra táctica para decirle al otro que «deje de molestarte», es hacer una pregunta: «¿Te importa?» (dicho en tono ligero).

IMAGINA ESTO

Hace poco perdiste tu empleo y te sientes vulnerable acerca de tu futuro. Alguien te pregunta: «¿Sigues dando clases en…/trabajando en…/ dirigiendo el departamento de contabilidad…?».

INTENTA ESTO

«Me temo que soy víctima de la recesión/recortes/reducción de personal. Está pasando en todas partes».
«No, de hecho pasé a otra cosa. Intento algo nuevo».

Si estás desempleada, puedes decir:

«De hecho, por el momento estoy en una fase de transición, buscando algo nuevo».
«Estoy explorando mis opciones».

IMAGINA ESTO

Todo mundo supone que volverás al trabajo después de tener hijos, pero tú no quieres. No deseas que tu decisión suene a disculpa o defensa.

INTENTA ESTO

«Es probable que esté tan sorprendida como tú, pero elegí no regresar al trabajo de inmediato».

IMAGINA ESTO

Todo el mundo supone que no regresarás al trabajo luego de tener hijos, pero decidiste hacerlo. No quieres que tu decisión suene a defensa o disculpa.

INTENTA ESTO

«Sé que tal vez te sorprenderá, pero decidí regresar al trabajo y me siento muy cómoda con esa decisión».

IMAGINA ESTO

Reprobaste o no obtuviste un buen resultado en un examen. Alguien te pregunta cómo te fue.

INTENTA ESTO

«Fue un poco decepcionante, pero nada que no se pueda resolver».
«Era justo lo que esperaba, así que no fue sorpresa».

Si la pregunta es más directa, como: «¿Qué calificación obtuviste en los exámenes?», puedes responder:

«Estoy encantada, gracias por preguntar».

Luego añades una pizca de información para que la conversación siga:

«Decidí concentrarme en… el próximo año».

IMAGINA ESTO

No conseguiste el empleo que solicitaste y alguien te pregunta si te lo dieron.

INTENTA ESTO

«No me tomaron en cuenta para ese puesto en particular, pero hay muchas cosas en proyecto».

«Resultó no ser lo más adecuado para mí».

IMAGINA ESTO

Tu pareja ahora ya no lo es, y alguien te pregunta cómo está.

INTENTA ESTO

«De hecho nos separamos y debo decirte que no me gusta hablar de eso».

«Está bien, pero ya no estamos juntos».

«No tengo idea y en realidad no me importa».

Estas ideas pueden aplicarse a preguntas sobre la familia y amigos. En lugar de hablar de ti, haz referencia a la persona en cuestión.

IMAGINA ESTO

La relación de tu amiga/hija terminó de manera muy desagradable, y alguien te pregunta cuándo anunciará su compromiso.

INTENTA ESTO

«Al final no resultó, pero ahora está ocupada con…».

Asuntos de familia

La compleja mezcla de lazos de sangre, afecto, deber, expectativas y familiaridad que enriquece las relaciones familiares también puede agriarlas. Esto es especialmente importante cuando los miembros de una familia se preocupan por no permitir que las molestias y resentimientos se enconen y aumenten.

Ya sabes cómo es eso: alguien dice una cosa incorrecta en el momento equivocado, algo se descuida o maneja de manera errónea, se usa una palabra o actitud poco sensible, y de pronto estás envuelta en una pelea o enfrentamiento que hace que los personajes de las tragedias griegas (con asesinatos de padres e hijos, sacrificios humanos, canibalismo y cosas por el estilo) parezcan la familia ideal.

La dinámica del comportamiento familiar y de relaciones puede ser desafiante, por decir lo menos. Ya sea que formes parte de una familia tradicional o reconstituida, equilibrar tus necesidades y deseos con los de los hijos, parejas, padres y hermanos requiere compromiso, valor y negociación delicada.

En ocasiones, lidiar en forma asertiva con los problemas cruciales parece demandar tanta energía que cedemos y dejamos que las cosas sigan su curso, con la esperanza de que todo se arregle algún día.

De vez en cuando las cosas se resuelven solas, pero si los problemas en cuestión son importantes, es más probable que tengas resentimientos y frustraciones, tanto contigo misma como con tu familia. El peligro es que esos sentimientos se acumulan hasta que tienes una explosión de ira.

Asumir un enfoque asertivo ante los problemas familiares fortalecerá tus relaciones. Tus lazos con los miembros de la familia son complejos y perdurables, y tiene sentido manejar las relaciones de un modo que reduzca al mínimo el conflicto y los malos entendidos.

Cómo enfrentar las expectativas

En lo relativo a las personas más cercanas a uno, muchos caemos en patrones de conducta conocidos. No sabemos del todo por qué resultaron las cosas así, pero terminas ocupándote de la mayoría de las tareas domésticas. Eres quien recuerda los cumpleaños y aniversarios importantes de tus hermanos o a la que siempre tienen que recordarle las cosas.

Siempre asumes un papel preponderante en las discusiones familiares o siempre permites que los miembros más enérgicos de la familia tengan mayor influencia. Siempre cedes a las peticiones de tus hijos, porque no quieres que se quejen con tu exmarido. Dices que no a las peticiones sin escucharlas realmente, porque tus mecanismos de defensa entran en funcionamiento de manera automática.

Es posible que esos patrones te funcionen o sean una fuente de molestia. Si decides que quieres cambiar algo, elige el problema y circunstancia específicos.

IMAGINA ESTO

Siempre cocinas la cena en tu hogar. Sin embargo, ahora ya estás cansada de hacerlo todo el tiempo y quieres que otros se ocupen.

INTENTA ESTO

«Escúchenme todos, hay algo que quiero que consideren. Me encanta cocinar la cena, pero no todas las noches. Me gustaría hacer la cena solo los fines de semana; es decir, de viernes a domingo. Pero decidamos quién se hará cargo durante la semana».

IMAGINA ESTO

Estás molesta porque tu pareja dio permiso a uno de los niños de hacer algo que prohibiste. No es la primera vez que esto pasa.

INTENTA ESTO

Decide qué es lo que te molesta. ¿Es el hecho de que te boicotea o porque sientes que se te ha hecho quedar en el papel de mala? ¿Sientes que tu pareja te quita autoridad de manera deliberada? ¿Sientes que tu hijo ha sido manipulador?

Decide qué resultado quieres. ¿Se trata de forzar un bloqueo del acuerdo? ¿Es asegurarte de que no suceda en el futuro?

Una vez que sepas qué sientes y qué quieres, recurre a un acercamiento pacífico. Inicia con una afirmación que se refiera a ti:

«Estoy incómoda/molesta/desesperada/confundida por...» Luego aclara qué quieres: «Me gustaría que entiendas por qué/Quiero que encontremos una forma de...».

Cómo equilibrar tus obligaciones

Sí, ya lo sabemos, no necesitas sentirte obligada y sabes todo lo relativo a librarte de los «deberías» o «debes». Así que no tienes que visitar a tus padres, invitar a la familia a comer el domingo, cuidar de tu hermano o tu hija, ir a la boda de tu primo, ir a los conciertos escolares de tus hijos o nietos, y puedes afirmar de manera asertiva tu intención de no hacerlo.

Por otro lado, puedes aceptar el elemento relacionado con las obligaciones y expectativas que forman parte de la red de lazos familiares y manejarlas con gentileza, firmeza y diplomacia.

IMAGINA ESTO

Uno o ambos de tus padres son ancianos que viven de manera independiente, pero requieren un poco de ayuda, que tus hermanos y tú acordaron proporcionarles. Debido a tus circunstancias geográficas y personales no puedes visitarlos con tanta frecuencia como quisieras. Esto provoca resentimientos y malentendidos.

INTENTA ESTO

Identifica tus sentimientos acerca de la situación. Disipa la culpa de inmediato, a menos que exista algo por lo cual sentirte culpable. Resuelve qué quieres. ¿Deseas confirmar que los demás saben que haces tu mejor esfuerzo por compartir la responsabilidad? ¿Quieres que te informen de lo que sucede en tu ausencia? ¿Quieres participar en la toma de decisiones aunque no estés presente la mayor parte del tiempo para ver sus efectos? Quizá desees encontrar un modo de contribuir con algo diferente.

Una vez que sepas qué sientes y qué desearías, habla con tus hermanos, ya sea con todos a la vez o de manera individual. Reconoce tus sentimientos:

«Sé que parecerá una tontería» o «Me siento incómoda con esto, pero quisiera decirte/decirles lo que siento».

Pregunta qué sienten *ellos acerca de la situación.*

No te desvíes hacia viejas peleas o reclamos. Usa la raqueta de pingpong para lanzar estas referencias a un sitio seguro para tratarlas en el futuro si es necesario.

Regalos y muestras de aprecio

El intercambio de regalos debería ser expresión gozosa de afecto, pero puede convertirse en un campo minado de luchas de poder, culpa y manipulación. La sutil combinación de precio, estilo e intención puede revelar brechas en la percepción que tenemos unos de otros y crear patrones de obligación que causan ansiedad y resentimiento.

Puedes romper con este patrón mediante la comunicación asertiva.

IMAGINA ESTO

Un miembro de tu familia te da un regalo de Navidad o cumpleaños que no te gusta y no quieres.

INTENTA ESTO

Ahora ya sabes cómo va el asunto. Tienes derecho a decirle a tu suegra que ese bonito papel de cartas y libreta de direcciones que te regaló son inútiles porque, ¡por favor!, ahora todo se maneja en formato electrónico; o decirle a tu hermano que la colección de películas románticas que te dio son un recordatorio de tu infeliz soltería. Puedes aclarar que el regalo es inadecuado:

«Qué amable de tu parte. De hecho, si me das el recibo de compra, podré ir a cambiarlo la próxima semana/Sé que no te importará que lo regale a alguien más…».

O puedes ejercer tu derecho a no ser franca y elegir que reconocerás lo que representa el regalo: «Qué considerado/amable/generoso de tu parte. Gracias».

Puedes darle un uso positivo a tus habilidades asertivas para adelantarte a la situación: «¿Recuerdas que el año pasado me regalaste tal o cual cosa? Bueno, solo para mantenerte al tanto, desde entonces estoy más interesada en las películas de vampiros/los guantes de cachemira o las tazas grises/con flores».

O podrías sugerir un intercambio de listas de deseos o un rango de precios. Eso sería mucho mejor a equivocarse en cualquier extremo de la escala.

Cómo lidiar con las visitas

Algo que debería ser una fuente de placer puede convertirse en tema de discusiones o conflictos. Tu pareja y tú pueden tener ideas distintas sobre la naturaleza y frecuencia de las visitas de amigos y familiares.

Para ti, el sonido del teléfono o del timbre de la puerta podría anunciar el vivo infierno, como señalaba Dorothy Parker, famosa por sus comentarios mordaces, en tanto para otros anuncia una oportunidad de divertirse. Es posible que tengas ideas diferentes sobre el tipo de conducta apropiada cuando tienes visitas, o tus visitantes quizá se comporten de modos que no te agradan.

IMAGINA ESTO

Acabas de tener un bebé y tu familia y amigos quieren visitarlos. Entiendes que se mueren por ver al bebé y por verte a ti, pero en realidad no estás de ánimo en ese momento y quieres que te dejen en paz.

INTENTA ESTO

Cuando se trata de gente que no quieres que te visite, di algo como: «Me encantaría que vinieras a ver al bebé, pero ahora no es el mejor momento. Para tal o cual fecha estaré encantada de recibirlos, así que entonces nos pondremos de acuerdo».

Con quienes sean más cercanos, y que insistirán en pasar un momento sin importar lo que digas, marca los límites. Di que estás cansada y que tú y el bebé tendrán que desaparecer luego de media hora más o menos. Indícales dónde están la tetera y las tazas. Si no quieres que tomen tu foto, dilo. Una cosa es que por Facebook aparezcan fotos de tu maravilloso bebé, pero tienes derecho a oponerte a las imágenes de ti en tu estado posparto, con el pelo pegado a la cara, la piel grasienta y los ojos rojos. (¿Qué? ¿El parto te deja un aspecto más resplandeciente y encantador que nunca? ¡Pues qué afortunada eres!)

IMAGINA ESTO

A algunos de tus familiares se les describe como muy animados y te gusta que te visiten, pero te incomoda que tus hijos escuchen su lenguaje florido. Al mismo tiempo, no quieres sonar mojigata y estirada.

INTENTA ESTO

Cuando se presente la ocasión, di algo como: «Oigan, ¿pueden bajarle el tono frente a los niños?»

Cuando te miren asombrados y te pregunten a qué le bajan el tono, di que solo quieres que tus niños sean tan inocentes como palomitas por el mayor tiempo que sea posible.

IMAGINA ESTO

Un miembro de tu círculo cercano tiene la costumbre de aparecerse cuando le conviene, pero no cuando te conviene a ti.

INTENTA ESTO

La actitud gentil es hacérselo saber. Di algo como «Me da gusto verte, pero éste no es un buen momento para que platiquemos». Luego ofrece una alternativa.

Enfoques asertivos para situaciones complejas en tu grupo de amigos

Las mujeres inteligentes toman en serio a sus amistades. Valoran y celebran a su círculo de amigos, sean más o menos cercanos, y se ocupan de mantener y nutrir esos vínculos.

La conducta asertiva ayudará a que esas relaciones especiales crezcan y florezcan. Comportarte de manera abierta y simpática alentará respuestas parecidas, y reducirá el impacto negativo de los enojos y molestias de todos los días.

Cuando te sientes herida o enojada

A veces nos herimos unos a otros. Somos desconsiderados y descuidados y no prestamos suficiente atención a cómo afectamos a quienes son más cercanos a nosotros. Como ha venido diciendo el antiguo adagio por años, por lo cual debe ser cierto: «Quien bien te quiere, te hará sufrir».

Cuando te enteras de que un hecho o palabra ha herido a alguien, discúlpate y hazlo de inmediato. No pienses que ya lo superará o que se dará cuenta de que no tuviste mala intención o que solo bromeabas. Tal vez lo hagan, pero tal vez no.

Cuando seas quien está herida, enojada o molesta, exprésalo. No permitas que se encone. Elige a qué nivel quieres transmitir tu mensaje. A veces basta un simple «¡Ay, eso dolió!». Acaso haya situaciones en que quieras extenderte en tu descripción de una situación. Solo a través de hablarlo llegarás a un entendimiento y estarás en posición de dejar atrás aquello que te molestó.

Hace más de dos siglos, el gran poeta y profeta William Blake lo describió a la perfección: «Me enojé con mi amigo. Le hablé de mi furia y mi furia desapareció». Si eso bastaba para el célebre artista y filósofo, es suficiente para nosotros.

Cómo enfrentar desigualdades y envidias

Algunos de tus amigos tendrán más dinero que tú y otros tendrán menos. Es posible que no todos tengan profesiones igualmente exitosas. Quizás alguna de ustedes tenga lo que otras anhelan con el alma: una gran familia, una casa, estupenda figura, trabajo interesante, estilo de vida dinámico, vida social divertida, casas vacacionales en… bueno, vamos a dejarlo así. Sin importar quién seas, te odiamos. No es cierto, solo un poquito…

Reconoce las diferentes posiciones que la vida nos da. No hay necesidad de disculparse o sentirse avergonzada por la buena fortuna o la falta de ella. Piensa en las ocasiones en que este tipo de desigualdad tiene probabilidades de volverse obvia: por ejemplo, piensa en el intercambio de regalos o de invitaciones, o en las opciones de vacaciones o diversión, y prepárate para manejar la situación.

Sin importar en qué extremo de la escala te encuentres, saca a relucir el asunto desde un inicio y, si es necesario, indica cuál es tu postura.

Frases útiles:

- «¿El rango de precios se adapta a todos?».
- «*Esa es una estupenda idea, pero probablemente esté fuera de mi presupuesto. ¿Alguien ya visitó el nuevo lugar en el centro?*».
- «*Me gustaría invitar el vino, ¡así que no discutan!*».

Lealtades divididas

Los cambios en relaciones de pareja y alianzas pueden causar que las amistades se rompan por la tensión. En caso necesario, puedes ser asertiva en tu postura sobre tomar partido:

- «No voy a ir a la fiesta del sábado. Por el momento preferiría no ver a John/Julia».

O:

- «No me siento cómoda con la situación, así que preferiría no hablar de eso».

Cómo decir no a un amigo

Recuerda que te estás negando a una petición y eso no significa un rechazo a la persona. Las amistades prosperan en un ambiente de sinceridad y entendimiento mutuos. Decirle a un amigo que en realidad no quieres hacer algo demuestra respeto por ambos e impide que la amistad se enturbie por asuntos de obligación y resentimiento.

IMAGINA ESTO

Una amiga se está quedando en tu casa hasta que logre recuperarse después de un rompimiento matrimonial. Se siente mejor, pero no muestra

indicios de seguir con su vida. Tienes espacio para hospedarla, pero te gus-
taría que se fuera.

INTENTA ESTO

«Jacqui, me agrada mucho que hayas acudido a nosotros cuando lo necesitabas y es muy bueno que estés progresando tanto. El asunto es que creo que llegó el momento de que encuentres tu propio espacio».

Cuando Jacqui estalle en llanto y diga que no cree estar lista para afrontar las cosas ella sola, y que no puede creer que la estés echando, di algo como: «Sé que este es otro cambio y que debe parecerte abrumador, pero lo pensé mucho y de verdad creo que sería mucho mejor que hicieras otros arreglos de vivienda. Sería bueno que pudiéramos visitarnos».

Entonces, por supuesto, puedes ofrecer tu ayuda para encontrar un lugar o cualquier otra cosa que puedas hacer por ella. (Probablemente sea mejor que te abstengas de ofrecerle tu ayuda para empacar sus cosas…)

IMAGINA ESTO

Una amiga, angustiada por algo, telefonea tarde en la noche y quiere hablar. Estás cansada y quieres ir a dormir.

INTENTA ESTO

No permitas que la conversación continúe. Dilo de inmediato: «Quiero que me cuentes de eso, pero necesitamos encontrar un mejor momento para que pueda concentrarme en lo que dices». Luego haz la sugerencia que mejor te convenga y acuerda una hora en que ambas estén libres.

Si eres tú quien llama para conversar, siempre es buena idea preguntar si es un buen momento. Lo que te conviene quizá no les convenga a todos. Sabes cómo se siente cuando estás contando tus sentimientos más íntimos y te das cuenta de que la otra persona apenas te presta atención, porque al mismo tiempo trata de meter algo al horno o ayudar a sus hijos con las tareas. La actitud gentil para ambas partes es verificar si el momento es conveniente.

De paseo por el mundo

Trenes, barcos y aviones... y camiones y autos...

En aquellos días, antes de que cualquiera de nosotros adornara con su presencia este planeta, llegar de un sitio a otro quizá haya sido una aventura más tranquila y romántica. Piensa en los barcos y trenes de vapor, el Grand Tour de Europa, los carruajes de dos caballos, el glamur de los caminos a campo abierto, el romanticismo de las estaciones de trenes, un varonil Trevor Howard despidiéndose con abnegación de Celia Johnson luego de su breve encuentro.

La cercanía extrema con otros seres humanos, y los sentimientos de ansiedad y presión, hacen surgir lo peor en nosotros. Afrontarás con mayor eficiencia las situaciones de viaje si no esperas que funcionen con uniformidad y decides no permitir que los incidentes y molestias inevitables te afecten. Cuando alguien te molesta tanto que quieres hacer una petición o poner una queja, haz acopio de todas tus habilidades asertivas y exprésate de manera educada y firme.

IMAGINA ESTO

Piensas que el taxista tomó una ruta más larga de lo necesario.

INTENTA ESTO

Di algo como: «Me pregunto si hay alguna razón para que haya elegido esta ruta».
Si no obtienes una razón satisfactoria, intenta algo como: «Creo que la ruta de la avenida X es más directa; me gustaría que, por favor, vaya por ahí».

IMAGINA ESTO

Alguien está hablando a gritos por su teléfono en un compartimento reservado del vagón.

INTENTA ESTO

Elige tu respuesta de acuerdo con la situación. Si puedes, cruza miradas con la otra persona e indícale con un gesto que baje la voz. Si es necesario hablar, di algo como: «Discúlpeme, quizá no se dé cuenta de que vamos en un vagón silencioso». Si es obvio que la persona no va a callar, podrías sentir el deseo de tomar el teléfono y metérselo por la boca (por todos los cielos, la sangre se nos va a la cabeza con facilidad), pero es mejor aceptar que no puedes obligarlo. Quizá decidas cambiar de asiento, en cuyo caso puedes decir al levantarte: «Lamento que no quiera cooperar, por lo que me sentaré en otra parte».

No, no deberías tener que señalarlo, pero dite a ti misma que alguien que se comporta de manera tan grosera carece de tus ventajas en cuanto a gentileza y consideración hacia los demás.

Tiendas y servicios

Es correcto devolver los artículos defectuosos. Es correcto devolver los artículos que *no* están defectuosos. Es correcto quejarse de un mal servicio y también es correcto agradecer por un *buen* servicio.

Existen plazos aceptados y entendidos sobre la compra e intercambio de artículos y servicios que se fundamentan en políticas legales y por escrito. Puedes desempeñar tu papel en estas transacciones de manera agradable y firme, sin que seas demasiado tímida como para expresar tu opinión o parezcas una diva gritona y consentida.

Presentación de una queja

Sin importar de qué trate tu queja, prepara un guión asertivo que te ayude a presentarla de modo eficiente. Decide el resumen de lo que dirás y aborda la situación solo cuando puedas hacerlo con tranquilidad.

No te lances de inmediato a demandar que venga el gerente o que te devuelvan tu dinero. Saluda al vendedor o a la recepcionista y di que tienes un problema que te gustaría resolver.

Indica la causa de tu queja.

Di qué quieres que suceda: «Entonces, quiero que me devuelvan mi dinero/reemplacen el artículo/repitan el trabajo».

Espera una respuesta.

Si la persona con quien tratas no puede o no quiere darte una respuesta satisfactoria, di: «¿Hay alguien más que pueda ayudarme con esto?».

Negociación

Cuando negocies un trabajo que deben hacer para ti, como la instalación de una cocina o de anaqueles, o el arreglo de un jardín, con enfoque asertivo obtendrás el mejor servicio. Esto no significa que hagas demandas, sino que dejes en claro lo que deseas y dónde existen posibilidades de ser flexible, si acaso las hay. Usa frases como: «Lo que necesito es/Lo que quiero es» y síguelas con «¿Cómo podemos lograr que obtenga eso?».

Cómo hacer una petición

Quieres pedirle al médico que te explique de nuevo la causa de tus síntomas porque la primera vez no entendiste claramente; quieres discutir un problema con la maestra de tu hijo; quieres que la persona en la taquilla verifique la disponibilidad de varias fechas.

No es necesario sentirte avergonzada o incómoda, y tampoco es necesario que te humilles. Cualquier solicitud es totalmente adecuada, así que preséntala de forma agradable y firme. Asegúrate de que el «disculpe» que sin duda dirás, sea una cortesía y no una disculpa abyecta.

Si necesitas más tiempo o un momento más conveniente, dilo. Es buena idea ofrecerte dos opciones: «¿Cuándo sería el momento más adecuado para discutir esto, a las tres de la tarde de hoy o mañana a las diez?».

Enfoques asertivos para situaciones complejas en tu vida laboral

Cuando te vuelves jefa de una amiga

Esto es lo que puede causar un ascenso. De la noche a la mañana dejas de ser una de las chicas que conoce los días de descanso, permisos por enfermedad, horario flexible de comidas para hacer compras o ir a arreglarse el pelo, la que cubre el desempeño deficiente de otras cuando tienen resaca o les rompieron el corazón, la que siempre se entera de los chismes más calientes; y de pronto te vuelves la jefa a cargo del trabajo.

Tu plan para manejar la situación dependerá de la naturaleza de tu amistad, de tu estilo gerencial y de la actitud de tus amigas hacia tu nuevo puesto.

El reto está en equilibrar las amistades que valoras con las demandas del empleo. Esto requiere tomar algunas decisiones y marcar algunos límites, y comunicarlos en forma apropiada. No te quedes simplemente sentada pensando que todo saldrá bien, porque no es así.

En cuanto puedas, ten una charla con tu amiga sobre cómo enfrentarán ambas la situación. Di algo como: «Creo que es importante que no dejemos que los asuntos del trabajo interfieran con nuestra amistad. Averigüemos cómo vamos a manejarlo».

Sin embargo, podrías toparte con un periodo difícil.

IMAGINA ESTO

Tu amiga piensa que las reglas que aplicas a los demás no se aplican a ella.

INTENTA ESTO

«¿Sabes qué, Kerry? Es importante que sigamos los procedimientos, pero sin excepciones».

IMAGINA ESTO

Tu amiga dice algo como: «No es justo, tú tuviste un montón de tiempo de descanso cuando tus niños estaban enfermos».

INTENTA ESTO

«El asunto es que no estamos hablando del pasado, sino de la situación actual».

De hecho, si ella se comporta así, es posible que quieras reevaluar la amistad.

Cuando tu amiga se vuelve tu jefa

Sería bueno que en este caso tomes la iniciativa. Felicita a tu amiga por su ascenso y di (en tono ligero) que estás segura de que la amistad sobrevivirá. Con esto demuestras estar consciente de que habrá algún cambio como resultado de la nueva circunstancia e indicas que tratarás con ello sensiblemente.

Lo mismo pasa si ambas fueron a solicitar un empleo y tu amiga lo consiguió.

Si por dentro estás colmada de resentimientos y esperas que tu amiga haga un pésimo trabajo, ¡contrólate! Reconoce tus sentimientos y sigue adelante. Es posible que no te sientas bien con ello hasta que tú misma recibas un ascenso. Tal vez tengas que dejar ese empleo o unirte a otro equipo. Ese es tu problema, así que encuentra una solución.

Alguien toma el crédito de tu trabajo

Decide qué tan grave es y cuánto te importa. Medita también si debes tratar el asunto con la persona en cuestión o si se requiere de una aclaración más pública.

En este tipo de situación, una actitud cautelosa quizá funcione mejor. Si el reclamo es público, dependiendo del contexto, puedes decir «¿*De quién* fue la idea, Tom?» o «¿Tal vez *no todo* fue tu propio trabajo, Tom?», diciéndolo en tono de broma. Esto alerta a los demás acerca de la falsedad de Tom y hace ver que el asunto no te afecta.

Otra estrategia sería añadir un comentario que te incluya, como: «Sí, los dos pensamos que funcionaría bien, ¿no es cierto, Tom?» o «En efecto, si recuerdas Tom, esa fue tu primera pregunta cuando se me ocurrió la idea».

Si está en juego un asunto importante o si es algo que sucede con frecuencia, debes tener una conversación personal. Expresa tus sentimientos acerca de la situación y señala lo que te gustaría que pasara:

«Tom, me molestó/enojó/sorprendió que afirmaras que conseguir la cuenta de Armstrong fue obra tuya. Si recuerdas bien, yo tuve varias juntas importantes con ellos y eso contribuyó al éxito. Me gustaría que le envíes un correo electrónico a Jane para aclarar la situación/voy a mandar un correo electrónico a Jane para aclararle la situación».

O

«¡Tom, el asunto es este! Como sabes, el nuevo sistema que dices que tú diseñaste, lo hice yo. Entonces, ¿vas a aclarar el asunto con Jane o lo aclaro yo?».

Aquí va otra idea: puedes recuperar tu crédito fingiendo que eres tu jefa mientras ella no está, robándole su puesto y a su amante; sí, ya sé, Melanie Griffith lo hizo primero en *Secretaria ejecutiva* (*Working Girl*, 1988)...

Cómo pedir un aumento de sueldo o un ascenso

Hasta las mujeres inteligentes son malas para esto. Todas las viejas ideas de que es incorrecto destacarse uno mismo y que la gente pensará que eres dura y avariciosa vienen a tu mente y te convierten en una piltrafa quejumbrosa y afectada que cree no merecer que se le recompense suficientemente bien por su trabajo.

Tienes que poner en orden tu cabeza y reconocer que la petición de un reconocimiento tangible va a la par con el mundo del trabajo. No estás siendo ambiciosa, estás siendo realista y responsable, y haciendo lo mismo que tus compañeros varones sin tener la menor duda.

Prepara tus argumentos, primero que nada ante ti

Entérate de tu valor en el mercado en el que trabajas. Tu valor dependerá del cargo y puesto que desempeñas, y por tus fortalezas y talentos individuales. Si aún no lo conoces, investiga cuánto ganan las personas en puestos similares al tuyo. Consulta los anuncios de empleos o pregunta en las agencias de reclutamiento. Asegúrate de solicitar un sueldo que se ajuste en general a ese rango.

Reúne la evidencia. Tienes que ser capaz de demostrar en términos concretos todo lo que has hecho y logrado, y que amerita la recompensa.

Prepárate para una negativa. Quizá recibas un franco «no» o te pidan tiempo para pensarlo. Decide qué dirás en cada situación. Contrariarte o amenazar no son opciones. Practica un gentil «gracias» e indica tu deseo de discutir de nuevo el tema en un periodo de, digamos, seis meses. También puedes preguntar si hay algo que puedas o debas hacer mientras tanto para darle apoyo a tu petición.

Presenta tu solicitud

Necesitas presentar tu solicitud a la persona correcta. Habla con quien tome la decisión. No es bueno esperar que alguien interceda por ti y, en cualquier caso, no quieres que tu petición cuidadosamente preparada se diluya debido a un tercero intermediador.

Hazlo en el momento correcto

Antes de abordar la situación, piensa en el clima y atmósfera actuales en el trabajo. Si sabes que hay problemas económicos, que se han hecho despidos o que un pedido o proyecto se vino abajo, quizá no sea el mejor momento.

Un poco antes de hacer tu petición, trabaja en tu propio perfil y reputación. Fortalecerás tus argumentos si tu jefe y otras personas importantes saben que has hecho una presentación exitosa o que has tenido un buen periodo de ventas, que tuviste una gran idea o manejaste una situación difícil con tacto y diplomacia.

Puedes sentir que si saben que haces un buen trabajo, con eso debería bastar, pero no es así. Necesitas agregar un elemento de estrategia y asegurarte de que tu compromiso y contribución sean visibles.

Usa tus conocimientos y observación de tu jefe para elegir el mejor momento del día. ¿Cuándo tiene un ánimo más receptivo: en la mañana, en la tarde, luego de una visita de clientes específicos, al final de la semana, al inicio de la semana?

Frente a frente

Haz una cita para una entrevista personal. Aunque conozcas bien a la persona y tengas oportunidades de abordar las cosas de manera informal, existen muchas ventajas de hacer tu solicitud en un entorno profesional.

No digas para qué es la cita; de lo contrario darás oportunidad para que la persona piense en todas las razones para negarse.

Cuando regresas después de un permiso por maternidad

No esperes que todo esté bien. Tu mundo personal cambió y descubrirás que también cambió el mundo laboral al que regresas. Alguien estuvo haciendo tu trabajo y quizás ese alguien esperaba que no regresaras. Las relaciones se habrán modificado y se habrán formado nuevas alianzas. Es posible que necesites aprender de nuevo las políticas y procedimientos de la empresa.

Y, por supuesto, cambió tu lugar en la jerarquía. La gente te verá de manera diferente. Tal vez consideren que eres alguien que ya no está involucrada. Como es natural, querrás aclarar las cosas y reclamar el sitio que te corresponde, pero medita un poco en cómo lo harás y luego emprende algunos pasos proactivos y asertivos. No esperes al primer día en que regreses. Unas semanas antes, reúnete con los colegas adecuados para actualizarte sobre aquellas cosas que necesitas saber. Cuando empieces, es recomendable que te vayas con calma durante las primeras semanas y sondees la situación.

Tal vez tengas que lidiar con comentarios en los que te digan lo maravilloso que fue tu reemplazo o lo malo que fue; trata ambos tipos de comentario con cuidado. Trágate el orgullo herido o tu placer secreto, y responde sin comprometerte, con algo como: «Qué interesante. Bueno, ahora ya volví…».

Muéstrate amable con tu reemplazo. Agradécele y haz preguntas constructivas sobre sus planes.

Mantén el equilibrio entre estar consciente y tener una sensibilidad exagerada. En tu ansiedad porque no te vean como alguien cuyo cerebro se volvió papilla, podrías interpretar los comentarios inocuos como despectivos. Al mismo tiempo, es muy posible que tengas que lidiar con colegas que no parecen entender que ya regresaste, y que estás vivita y coleando.

IMAGINA ESTO

Un colega hace referencias constantes como «Claro, eso fue cuando no estuviste» o «Supongo que las cosas cambiaron desde la última vez que estuviste aquí».

INTENTA ESTO

Muéstrate de acuerdo con los comentarios y luego haz una pregunta: «Sí, eso pasó cuando no estuve. Pero ¿hay algo de lo que debo enterarme ahora?».

«Sí, las cosas cambiaron en todos sentidos. Creo que estoy al tanto de la mayoría de los avances, sin embargo, ¿hay algo específico que sientas que debo saber?».

CAPÍTULO NUEVE

Cómo lidiar con personas difíciles

A veces la gente no capta tu fabuloso comportamiento asertivo y continúa aferrada a un estilo que le impide disfrutar los beneficios de un enfoque diferente. ¡Pobrecitos! Muéstrales el camino respondiendo asertivamente a lo que sea que hagan y negándote a participar en sus juegos.

Si quieres cambiar la dinámica de una relación o situación, puedes elegir una estrategia apropiada. La estrategia que utilices dependerá de las circunstancias específicas y puedes elegir el nivel e intensidad de tu respuesta.

Si la situación demanda más que una solución rápida, planea con cuidado tu siguiente movida y dale tiempo para que funcione. Las transformaciones instantáneas solo se ven en la televisión. No puedes cambiar a una persona con una capa de pintura o con maquillaje (sin menospreciar a las chicas y chicos que nos muestran cómo convertir una choza en un palacio y los andrajos en un vestido de alta costura). No puedes cambiar en absoluto a las personas. Lo único que puedes hacer es cambiar tu propia conducta y observar la reacción en cadena.

Cómo manejar a una aplanadora

Las personas prepotentes y agresivas esperan ser capaces de obligarte a someterte, y todos hemos permitido que eso nos suceda. A veces sentimos que enfrentarse a ellas requeriría demasiado esfuerzo y no nos llevaría a ninguna parte, o simplemente nos sentimos muy atemorizadas e intimidadas. De modo que dejamos que ganen y se establece el patrón para nuestros encuentros futuros.

En el caso más extremo, este tipo de comportamiento es francamente abusivo. Si sucede en el trabajo, primero deberías hablar de manera informal con un gerente o supervisor. Lleva un diario y copias de los incidentes y comunicaciones pertinentes. En caso necesario, el siguiente paso será poner una queja formal.

En nuestras vidas personales, podemos experimentar agresión debido a los comentarios mordaces de la gente, atropellos ocultos o conductas directas que ocasionan que nos sintamos aniquiladas y criticadas.

Cómo reconocer cuando te ataca una aplanadora

Observa si cualquiera de los siguientes escenarios se aplica a ti:

- Te gritan o hablan en un tono más enérgico del que demanda la situación.
- Eres blanco de insultos y comentarios denigrantes.
- Tienes miedo.
- Sientes que se te acorrala para que hagas lo que te piden.
- Te sientes amenazada.
- Sientes que siempre estás mal con alguien.
- Te sientes humillada.
- Sientes que se te trata injustamente.

Estrategias para manejar a una aplanadora

1. Dile a la persona que no te gusta su conducta

Describe la conducta y di que es inaceptable. No entres en muchos detalles sobre cómo te afecta y, en vez de ello, usa comentarios generales como «No me gusta».

IMAGINA ESTO

Alguien te levanta la voz para intimidarte.

INTENTA ESTO

Levanta la mano en un ademán de «alto» y di: «Me estás gritando y eso no me gusta».

IMAGINA ESTO

Alguien te insiste con vehemencia para que te inscribas en una carrera de beneficencia. Ya dijiste que no, pero sigue insistiendo.

INTENTA ESTO

Di algo como: «¿Sabes qué, Diana?, ya dije que no, y nada cambió desde entonces. Por favor, deja de pedírmelo».

Si ella responde con algo como: «Todos los demás se inscribieron» o «De verdad necesitamos tu apoyo», contesta: «Tal vez sea así, pero mi respuesta sigue siendo no».

2. Pide a la persona que te explique sus palabras o comportamiento

Regresar el balón a la cancha de la otra persona es una estupenda manera de ponerlos a pensar en lo que están haciendo o diciendo.

IMAGINA ESTO

Dices que cambiaste de opinión sobre determinado tema. Alguien que con frecuencia sientes que te critica dice: «Eso es tan clásico en ti».

INTENTA ESTO

Preguntas: «¿Qué quieres decir con eso, Alina?».

Si Alina responde: «Nada», solo añade: «Ah, me parece muy bien».

Si Alina dice algo como: «Siempre cambias de opinión», solo pregunta: «¿Así lo crees? ¿Y eso te molesta?».

3. Enfrenta las bromas o comentarios ofensivos

Si te enoja o hace sentir incómoda el lenguaje o conversación de alguien, dilo. No pienses que tienes que reír o fingir que está bien; si lo haces, te conviertes en víctima.

Alguien continuamente utiliza terminología que te resulta inaceptable.

INTENTA ESTO

Puedes tratarlo con un enfoque ligero; sacude la cabeza y di algo como: «Harry, ese no fue un comentario muy afortunado. Trata de nuevo».

Si no hay ningún cambio, sé más directa: «¿Sabes qué, Harry? Tu uso de esa palabra me resulta inaceptable, por favor, deja de decirla».

Cómo manejar a un pelele

Siempre existe la opción obvia: imponte. Si alguien va por ahí con un letrero en la frente pidiendo que lo pateen, lo más indicado es hacer lo que te piden, ¿o no?

El problema es que eso te convierte en alguien que no quieres ser, una persona que explota y se aprovecha de las debilidades de otro. Conservarás tu respeto propio y mostrarás respeto por las decisiones del pelele si te comportas de un modo que lo aliente a expresar sus sentimientos, opiniones y preferencias.

Si te permites sentirte molesta o impaciente, o descubres que estás controlando una situación más de lo que quisieras, de hecho te conviertes en víctima de la pasividad de otra persona.

Cómo reconocer si eres víctima de un pelele

Observa si cualquiera de los siguientes escenarios se aplica a ti:
- Te frustra su conducta.
- Te sientes inútil.
- Interrumpes todo el tiempo a alguien.
- Estás tentada a aprovecharte de la indecisión de alguien o de hecho te aprovechas.
- Estás tentada a aprovecharte de la incapacidad de alguien para decir no, o de hecho te aprovechas.
- No escuchas lo que dicen.

- No tomas en serio sus sentimientos.
- Te abstienes de hacer sugerencias.

Estrategias para manejar a un pelele

1. Expón tu frustración de manera abierta

Dile a la persona que te sientes frustrada, enojada o inútil cuando se comporta de cierto modo.

IMAGINA ESTO

Alguien dice que sí cuando le pides que te haga un favor, y sientes que a veces accede cuando preferiría no hacerlo.

INTENTA ESTO

Di algo como: «Siempre me dices que sí cuando te pido algo, y te lo agradezco, pero a veces siento que preferirías decir que no. Me gustaría que te negaras cuando no te conviene hacer lo que te pido».

2. Ofrece la escala de 1-10

Puedes ayudar a alguien a expresar una preferencia dándole una estructura en la cual basar su respuesta. Asignar un número a la fuerza de un sentimiento es una forma útil de identificarlo y una manera fácil de comunicarlo.

IMAGINA ESTO

Alguien siempre dice que le da igual cuando preguntas a qué restaurante le gustaría ir, cuando se designa a un conductor o compartes un taxi, o si prefiere café o té.

INTENTA ESTO

Sugiere que cada quien señale su preferencia utilizando una escala de 1-10, en la que 10 indica estar totalmente a favor y 1 significa estar totalmente en contra. Todos muestran la cantidad de dedos que indica el número que eligieron. La decisión tomada depende de todos, y se observará la preferencia señalada. Sin embargo, asegúrate de que la calificación máxima de tu escala sea un número non, o alguien podría elegir siempre la puntuación intermedia.

3. Sé específica

Frasea tus sugerencias y preguntas de un modo que anticipe una respuesta definida. Esto complica más la respuesta de «me da igual», y alienta a la persona a tomar una decisión.

Entonces, en lugar de preguntar «¿Qué día te conviene?», pregunta: «¿Te conviene más el jueves o el viernes?» En lugar de «¿De qué color deberíamos pintar la sala?», pregunta: «¿Sería mejor un tono brillante o uno neutro?».

Quizá sigas recibiendo el «me da igual» pero, después de plantar las sugerencias, tendrás algo con qué trabajar.

Cómo manejar a una víbora

Una de las peores cosas de ser víctima de una víbora es que necesitas tiempo para darte cuenta de que te vio la cara de incauta. Una de las razones de esto es que cada vez que sientes que estás bajo su control o que te está engañando, la víbora dice o hace algo que te hace creer que estás equivocada. Es asombroso cómo parece adivinar el momento preciso para hacerlo.

Cuando te das cuenta de la situación, es posible que empieces a flagelarte diciéndote que cómo pudiste ser tan estúpida. Deja de hacerlo en este instante. Caer víctima de un manipulador inteligente no significa que seas estúpida, pero permitir que siga haciéndolo sugiere que no estás siendo muy inteligente. Permitir que alguien tire de las cuerdas, aun en contextos comparativamente inofensivos, debilita el respeto que tienes por ti misma. Es posible que Sandie Shaw, con sus pies descalzos y su encantador peinado, haya ganado el concurso Eurovisión con una canción sobre ser una marioneta (mira el video en YouTube), pero después dijo que la canción era una «babosada sexista». ¡Eso sí que es hablar sin rodeos, Sandie!

Cómo reconocer si estás siendo manipulada

Observa si cualquiera de los siguientes escenarios se aplica a ti:

- Te sientes confundida acerca de lo que quiere la otra persona.
- Sientes que alguien se está aprovechando de ti.
- Sientes que la atención se dirige constantemente a la otra persona, y a sus sentimientos y experiencias.
- Sientes que hay un desequilibrio en la relación.
- Siempre tratas de complacer y de apaciguar a la otra persona.
- Tienes que buscar constantemente en tu memoria o consultar tu diario para verificar cuándo fue que se dijo o hizo determinada cosa.
- Te sientes resentida.
- Creas excusas para la otra persona: después de todo, tiene buenas intenciones/está pasando por un mal momento/tuvo una infancia desdichada.

Estrategias para manejar a una víbora

1. Revela abiertamente cuál es su juego

Demuestra que reconoces las tácticas que está usando. Haz una afirmación asertiva en forma abierta y directa, y que llegue directamente a la esencia del asunto.

IMAGINA ESTO

Decides abordar el hecho de que una de las cosas que hace con frecuencia la víbora es ofrecer ayuda, y luego simplemente no cumple.

INTENTA ESTO

Así que dices: «¿Sabes qué, Josh? Te agradezco la oferta de apoyarme en la junta y entiendo que no lo hiciste porque te equivocaste en la fecha, pero en realidad siento que nunca tuviste intención de asistir».

2. No te enganches

Prepárate para que usen tus palabras en tu contra. Un manipulador hábil bien puede culparte por pensar que se comporta de cierta manera:

«¿Cómo es posible que pensaras eso de mí? Me duele mucho que tengas tan mala opinión de mí» o «Debe haber algo muy malo en ti como para pensar así».

Tal vez la respuesta se acompañe de un mar de lágrimas. ¿Y qué podrías hacer? Apurarte a tranquilizarle, justificarte y disculparte. Y de nuevo estás bajo el control del otro. Mordiste el anzuelo.

Necesitas permanecer fuerte y decir algo como «Es lo que pienso» o «Así me parece» y negarte a que te arrastren más a la trampa.

3. Niégate a dejar que se aprovechen de tus puntos débiles

Reconoce cuáles son tus puntos débiles. Si estás ansiosa por caer bien o complacer a la gente, si la aprobación de los demás es muy importante para ti, si tienes miedo de las discusiones y confrontaciones, o si te sientes insegura, eres un blanco fácil para la víbora.

4. Escucha tus corazonadas

Confía más en tus sentimientos que en lo que dice la otra persona y enfócate en sus acciones, no en sus palabras.

No aceptes una disculpa fingida. No permitas que te enreden en una discusión.

CAPÍTULO DIEZ

Elogios y cumplidos

Es probable que todo el tiempo pienses cosas agradables de la gente. Notas que el nuevo atuendo de alguien está precioso. Piensas cuánta discreción tuvo tu colega al manejar a un cliente difícil, y cómo mantuvo la calma y apaciguó la situación. Piensas que tu hermana, tu amiga o tu hija afrontan solas muy bien la crianza de sus hijos. Admiras la determinación de tu yerno al proseguir con su curso de posgrado, aunque tiene dificultades para asistir.

Estas ideas e impresiones cruzan por nuestra mente y lo más frecuente es que nunca llegan a nuestra boca. Nos abstenemos de expresar nuestro reconocimiento, nuestro placer y nuestra aprobación.

Las razones tienen que ver principalmente con los sentimientos de incomodidad y vergüenza. Cuando hacemos este tipo de reconocimiento positivo, damos un paso fuera de nuestra zona de confort, y formamos o consolidamos una conexión personal de una manera directa y vibrante que tiene un poderoso efecto en nosotros y en la otra persona. Nos excusamos de no dar ese paso al afirmar que sería vergonzoso o que podría malinterpretarse.

Disminuimos el efecto potencial al decirnos a nosotros mismos que el comentario parecería poco sincero o condescendiente, y nos convencemos de no hacer un cumplido al afirmar que solo lograríamos que la otra persona también se sienta incómoda.

¿Qué es lo peor que puede pasar? ¿Alguien te odiará eternamente por atreverte a sentir agrado o admiración hacia algo que tiene la otra persona? Sí, como no. De acuerdo, al principio tal vez suenes tiesa o torpe. Quizá te sientas extraña, pero puedes aprender a hacerlo en forma eficiente, sabes que sí puedes. Solo se necesita un poco de práctica antes de que logres comunicar tu aprobación con claridad y sinceridad.

Buscar lo que es brillante y positivo de la gente y de su comportamiento, y responder a ello, tendrá un efecto positivo en ti y te hará sentir que participas con las comunidades de las que formas parte. Ahí estás tú, haciendo sentir bien a otro y transmitiéndole el amor que viene de la vibra positiva que esto genera.

¿Qué tipo de elogio o cumplido?

Enfócate en algo que diga o haga la persona. El elemento positivo debe estar relacionado con su comportamiento, con las cualidades que revela y el efecto benéfico que tiene. De modo que si quieres hacer un comentario elogioso acerca de la apariencia de alguien, señala un aspecto de su presentación que refleje tu percepción de sus afortunadas elecciones en cuanto a ropa, arreglo personal y demás.

Elogiar a alguien por su color de ojos o su bonita nariz no es un reconocimiento positivo —aunque sea muy halagador para quien lo recibe— porque los individuos no son responsables de esas cualidades. Son responsables de su propio comportamiento y las alabanzas genuinas celebran ese hecho.

No confundas los elogios con los agradecimientos

La mayoría somos muy buenos para decir «gracias», para decirlo y recibirlo muchas veces al día. Es difícil comprar un tubo de pastillas de menta sin que se intercambien varias expresiones de agradecimiento. Y eso es muy bueno. El asunto con los agradecimientos es que tienen más impacto cuando no se dicen que cuando sí: «Me tomé todas esas molestias y ni siquiera me lo agradeció». El agradecimiento es educado y una parte esencial de la conducta civilizada, pero agradecerle a alguien no es lo mismo que elogiarlo. «Gracias por ayudarme anoche» no es lo mismo que «Estoy muy impresionada por la tranquilidad con que asumiste el control de la situación».

¿Cuándo elogiar o hacer un cumplido?

Primero que nada, guíate por tus corazonadas, esa sensación cálida que sientes cuando estás complacida, encantada o impresionada por alguien. Decide que comunicarás tu impresión a la persona implicada. Piensa en el momento y sitio apropiados. A veces una respuesta inmediata es buena, sobre todo si quizá no habrá otro momento oportuno para hacerlo. En otras ocasiones, preferirás esperar para hacer un comentario más extenso y considerado.

Sé específica

Los elogios o cumplidos de una naturaleza general tienen un efecto que causa felicidad. Si te centras en algo específico, el efecto es mucho más potente, porque demuestra que has pensado exactamente qué es lo que te impresionó. No digas simplemente: «Qué bien te ves hoy», sino «Ese color le va muy bien al tono de tu piel» o «Me gusta tu nuevo peinado, muy al estilo de los sesenta». No solo digas «Fue una estupenda plática», sino «Realmente disfruté las anécdotas de tu trabajo en el extranjero». En lugar de «Hiciste muy buen trabajo al arreglar tu cuarto», di «La forma en que colocaste los libros hace que tu cuarto se vea muy ordenado».

Si puedes evitar términos generales como «lindo» o «bien», tus elogios tendrán mucho mayor impacto.

Establece conexiones

Una forma efectiva de hacer un gran cumplido es conectarlo con tu agradecimiento o vincular tu observación general con un elogio sobre algo específico.

- «*Gracias por hablar con Lou anoche. Me encanta lo generoso que eres con tu tiempo cuando alguien necesita ayuda*».
- «*¡Estuviste magnífica! Tu estupenda cadencia cómica hizo que la última escena fuera un triunfo*».
- «*Fue genial que ayudaras a Elly a arreglarse para la fiesta de graduación. Su peinado quedó precioso*».

Enfoca el interés en la otra persona

Mantén tu atención en la otra persona, no la regreses a ti misma haciendo comparaciones como «Yo no podría haber hecho un trabajo tan bueno». Esto alienta a que el receptor del cumplido se apresure a reasegurarte y luego ambos se entreguen a un frenesí de halagos mutuos, lo cual borra el efecto de tu elogio.

No involucres tampoco a nadie más haciendo una comparación a favor de la persona con quien hablas. Si dices: «Eres mucho mejor que Ben para escuchar a los demás», es posible que la otra persona se sienta obligada a defender a Ben y de pronto ambos estén hablando de Ben, quien no debería participar en absoluto en este intercambio.

No añadas nada negativo

Hay una antigua canción que dice «resalta lo positivo», lo cual es una afirmación inspiradora de todo lo que se refiere a la asertividad adulta, ¿no te parece? Tenlo en mente cuando elogies a alguien. Ese no es el momento para añadir los pequeños detalles negativos que logran desaparecer el impacto agradable, aunque no tengan un propósito malicioso. A todos nos han dolido esa clase de comentarios, como «La cena que preparaste estuvo riquísima, lástima que Toni haya hecho un berrinche».

¿En qué te pone a pensar un comentario así? En el berrinche de Toni, y la cena deliciosa se hizo a un lado.

Quizá se te ocurran unas cuantas bromas que pudieran hacer incluso más agradable la charla, como que fue una lástima que no quedara suficiente pudín para repartir, o que si los diagramas hubieran sido más nítidos la presentación habría sido aún mejor, pero no las digas. Ese no es el momento ni el sitio apropiado. En las ocasiones que consideres necesario discutir aspectos negativos, hazlo en el contexto correcto.

No uses los elogios para manipular

Sé que es tentador. Dices: «Linda, eres una estupenda cocinera. Tu pavlova es extraordinaria y nadie la prepara tan bien», y luego de un rato añades: «¿Te importaría hacer una docena de pavlovas para la fiesta?». Sí, es tentador pero, de hecho, es bastante obvio. Encuentra una manera más directa de pedir unos merengues.

Felicitaciones en el trabajo

A veces nos subestimamos unos a otros. La gente sigue con el trabajo que le pagan por hacer y, con mucha frecuencia, los únicos comentarios que a diario comparten son críticos. Es posible que digamos cosas positivas sobre nuestros colegas cuando se trata de situaciones formales de evaluación o cuando se van, pero eso no sustituye un comentario genuino y aprobatorio que eleve su moral y llene su día de gran energía, al mismo tiempo que le proporcione la estructura para desarrollarse y aprender.

Enfócate en los detalles

Comenta específicamente lo que consideras bueno de lo que hace la persona. Señala las habilidades y atributos que contribuyen a eso que te gusta. Pueden ser cualidades como paciencia, buen sentido del humor, actitud cooperativa, valor, consideración o confiabilidad. También pueden ser habilidades como pericia técnica, capacidad para solucionar problemas, claridad de pensamiento, capacidad artística o habilidades prácticas.

Cuando sea apropiado, el detalle que comentes debe ser pertinente para el contexto. En este caso, la pertinencia significa el aspecto que hace una diferencia. Por ejemplo, si es una situación en la que la redacción de una respuesta por escrito es importante y alguien escribe una carta muy bien expresada, no digas: «Hiciste un buen trabajo resolviendo eso con tanta rapidez».

Sé sincera

Todo mundo detectará de inmediato si dices cosas agradables para dorarle la píldora a alguien, para quitártelo de encima o para destacar lo fabulosa que eres por haberte dado cuenta (sí, te hablo a ti, señorita manipuladora).

¿A quién debes elogiar?

A todo aquel que lo merezca, y eso abarca el espectro completo de la cadena alimenticia. Todos somos humanos y todos merecemos, y nos gusta, que se nos reconozca.

1. Familia y amigos

A menudo olvidamos que las personas más cercanas y queridas también responden a los elogios genuinos y específicos. Damos por sentado que saben que los queremos y reconocemos, y decimos cosas agradables de manera formal en ocasiones como las bodas, grandes cumpleaños y celebraciones por el retiro, y también en los funerales, cuando ya es demasiado tarde.

Tómate un tiempo para pensar en lo que valoras de quienes están cerca de ti, y luego busca la oportunidad para decirlo.

IMAGINA ESTO

Un amigo o familiar siempre te envía mensajes de texto deseándote buena suerte cuando tienes una presentación en el trabajo o vas al dentista, conoces por primera vez a los hijos de tu pareja o tienes una cita en el hospital. Siempre devuelves el mensaje con un texto de «gracias».

INTENTA ESTO

Di: «Es maravilloso saber que estás pensando en mí».

2. Personas que te brindan un servicio

Es encantador recibir un buen servicio y también es bueno hacerle saber a la gente que estás encantada. Ve un paso más allá del agradecimiento sincero que siempre das y ofrece un comentario enfocado a una retroalimentación auténtica.

IMAGINA ESTO

Estás buscando la mejor oferta en la compra de un nuevo teléfono. La vendedora escucha lo que necesitas y te presenta una variedad de opciones adecuadas.

INTENTA ESTO

«Gracias por su consejo. Sus conocimientos sobre los productos fueron muy útiles y de verdad le agradezco que haya escuchado y comprendido mis necesidades».

IMAGINA ESTO

Tu hijo adolescente es muy tímido y está renuente a hablar frente a la clase, aunque tiene cosas muy importantes que decir. Uno de sus maestros se percata de su potencial y lo alienta a ser más comunicativo.

INTENTA ESTO

«Gracias por ayudar a Ollie. Ahora tiene mucha más confianza. Me parece maravilloso que usted se haya dado cuenta de lo que tiene para ofrecer».

Llévalo un paso más allá

Solo se requieren unos minutos para enviar un correo electrónico o llamar por teléfono para transmitir tu observación positiva. Nos tomamos el tiempo para señalar nuestras quejas, entonces ¿por qué no mostramos también nuestra gratitud, aprobación y admiración?

Sí, sabemos que esto suena como algo que va a meterte en un montón de problemas, pero solo piensa en ello por un instante. Agradeces a alguien que te abrió la puerta, te hizo espacio en el asiento o levanta algo que se te cayó. Es probable que tu agradecimiento sea automático y lo digas en un murmullo mientras sigues caminando.

Estos encuentros pueden pasar del blanco y negro al tecnicolor con un par de giros. Lo único que debes hacer es sonreír mientras lo dices y establecer un contacto visual muy breve. Si las circunstancias son adecuadas, añade algo como: «Qué considerado de su parte» o «Se lo agradezco mucho».

Puedes llevarlo un paso más allá y hacer un cumplido a la persona desconocida. Si pasas por un jardín muy bonito y el dueño está ahí, ¿por qué no expresar tu opinión? Si admiras las botas de la mujer que está parada junto a ti en una fila, podrías decir simplemente: «Por cierto, qué bonitas botas».

Elige el momento oportuno para esos comentarios. Lo que funciona es hacer el cumplido mientras vas pasando o cuando te vas, a menos que quieras iniciar una conversación más amplia sobre las flores primaverales o sobre el debate entre las botas al tobillo y las botas a la rodilla, lo cual también puede funcionar.

¿Esas personas no se sentirán muy bien? ¿Y tú no te sentirás muy bien de decirlo, en lugar de solo pensarlo?

Recibir elogios o cumplidos

Muchas de nosotras tenemos problemas para esto. Nos avergüenza, creemos que es presuntuoso sentirnos complacidas y no sabemos cómo reaccionar. A menudo, nuestro instinto es despreciar el comentario y restarle importancia, pensando que esta es la única forma aceptable de responder.

Recibes elogios por el éxito de un proyecto que encabezaste y dices: «Oh, no solo fui yo; en realidad fue un esfuerzo de equipo», y de ahí pasas a los agradecimientos estilo Oscar en la que mencionas a todos los que te ayudaron, incluyendo a tu inspiradora abuela y a tu gato.

Una amiga señala que tu falda luce muy sofisticada y dices: «Es muy vieja» o «Solo me costó unos centavos en tal o cual tienda».

Tu familia alaba tu comida china, y respondes: «Me pasé horas picando la verdura» o «Ni se acostumbren, porque el resto de la semana comeremos deditos de pescado».

Imagina que el comentario positivo es un regalo que alguien te da. Del mismo modo que eliges con cuidado un regalo de cumpleaños, teniendo en mente al destinatario, alguien elige algo bueno de ti y escoge las palabras que describen lo maravillosa que eres. Entonces, esa persona hace el equivalente a envolver el regalo de manera atractiva y te lo presenta.

¿Qué haces tú? Lanzárselo de regreso. Desechaste el pensamiento y el esfuerzo que se necesitó para el regalo. Tu rechazo puede lastimar a la otra persona y es posible que el efecto sea que se sienta una tonta por tomarse la molestia. Cuestionaste su juicio y buen gusto. No te estás comportando amablemente.

Si quieres dar crédito a otras personas que ayudaron con algo por lo cual se te elogia, claro que debes hacerlo. Pero el momento y lugar correctos no son cuando se te alaba personalmente por tu contribución. En ese momento se te está dando un regalo y es descortés insistir de inmediato en compartirlo.

Aceptar elogios y cumplidos en el mismo sentido que se ofrecen es una habilidad asertiva que te beneficia a ti y a los demás.

Qué dices

Lo primero que dices es «gracias». Al decirlo, demuestra que estás complacida y mira a los ojos de la otra persona. No sacudas las pestañas ni parezcas cohibida; y en definitiva, no te retuerzas de vergüenza. Acepta gentilmente el regalo con el mismo espíritu que te lo ofrecen. Tu respuesta debe ser breve, puedes agregar «Qué bueno que te gustó» o «Te agradezco» o «Me da gusto oírlo».

Asegúrate de que tu comentario sea positivo, y puedes ampliarlo con algo relativo al contexto:

- «*Me complace que pienses que salió bien; pasé mucho tiempo preparándolo*».
- «*Me alegra que pienses que ese color me va bien; es uno de mis favoritos*».
- «*Qué gusto poder ayudarte*».
- «*Gracias por decirlo. Me hizo sentir bien/me hizo sentir que ha valido la pena/me inspiró para decidirme a seguir adelante/me alegró el día*».

No lo regreses

Puedes sentir que quieres decir algo amable a cambio; eso está muy bien, pero no lo hagas de inmediato. Tu cumplido no parecerá auténtico, sino como una retribución que das porque sientes que es lo correcto. Tu cálida recepción del elogio de otra persona es, en sí misma, un elogio para ella. Ya tendrás una oportunidad conveniente para hacer un cumplido en un momento posterior.

Si ya no habrá otra oportunidad, espera un poco a que continúe la conversación y comenta sobre algún aspecto del comportamiento de la persona pero en una categoría diferente. Si alguien te elogió por tu apariencia, puedes decir algo agradable sobre la conversación que ambos tuvieron: te hizo reír o pensar, o disfrutaste de su opinión sobre una película.

Cuándo pedir más: sí, en serio

Elogios sin especificar

Cuando alguien te elogia de manera general, es absolutamente correcto preguntar algo específico. No te preocupes, no es como decir: «Vamos, dime más acerca de lo maravillosa que soy». Es hacer una pregunta que demuestre que aprecias el comentario y quisieras beneficiarte de la observación.

Esto es especialmente importante en situaciones laborales, cuando alguien te dice: «Hiciste un estupendo trabajo» o «No sé qué haríamos sin ti». No tiene nada de malo decir: «Gracias, me da gusto escucharlo. ¿Puedes decirme qué te resultó particularmente va a servir mucho?». Cuando esa persona te diga su opinión, termina simplemente la conversación con «Gracias, eso me fue muy útil/lo aprecio».

Elogios con doble filo

Cuando no estés segura de la intención detrás de un elogio, di que aprecias el comentario pero que no estás segura de haberlo entendido. Siempre se agradece un comentario de ese estilo, ¿no? Esa es una buena estrategia cuando no confías del todo en los motivos de la otra persona. Escucha tu instinto que detecta quizás una ofensa o desaprobación disfrazada que quiere pasar por alabanza.

Responde de una manera que asuma el control del encuentro y que no caiga en la trampa, si es que la hay.

IMAGINA ESTO

Alguien te mira de pies a cabeza y dice: «¡Te ves muy bien!».
Como eres una adulta confiada que tiene suficiente autoestima, no piensas de inmediato que eso significa que estás demasiado gorda o demasiado delgada. No lo conviertes todo en un asunto relacionado con tu físico. Pero tampoco te sentiste muy cómoda con el tono y expresión de la persona.

INTENTA ESTO

«¿Te parece? ¡Gracias!» (dicho con gusto).
«¿Qué te hace decirlo?».
«Intento un estilo de vida saludable, así que ¡gracias por notarlo!» (dicho con gusto).

IMAGINA ESTO

No eres una gran cocinera, pero te las arreglas para dar una comida pasadera para un grupo de familiares. La madre de tu pareja dice: «Está delicioso, eres la reina de la cocina».
Entonces te preguntas si está bromeando.

«¡Me alegra que lo haya disfrutado! ¿Qué fue lo que le gustó?».

Ponlo por escrito

En este aspecto somos a la antigua. Los correos electrónicos y mensajes de texto son estupendos, sobre todo cuando quieres agradecer rápidamente. Pero aquí estamos hablando de escribir de verdad, con una pluma (¿sabes lo que es una pluma, cierto?). Una nota de agradecimiento por escrito es agradable de recibir, porque muestra que se hizo un esfuerzo. Y aún más agradable dar y recibir una nota que elogie o felicite.

No tenemos que esperar un incidente específico para hacerle un reconocimiento a alguien, aunque una ocasión especial puede darnos la oportunidad.

Si admiras la forma en que tu hija logra conservar un trabajo demandante y darle tiempo y atención a sus hijos, díselo. Puedes aprovechar la oportunidad cuando uno de los niños haya tenido éxito en alguna actividad escolar o en una ocasión cuando hayas pasado tiempo con todos ellos. Escribe una nota diciendo lo agradable que fue enterarte del resultado del niño en el examen/ver a tu nieta en la obra de teatro escolar/pasar el último domingo con ellos, y añade algo como «Me gustaría decirte…» o «Tienes…», seguido de palabras específicas de elogio por lo que hace y ha hecho.

De eso es de lo que se trata ser una mujer inteligente. Se refiere a ser genial contigo misma y con los demás.

Unas palabras finales sobre manijas y manejos

Lidiar con, manejar, gestionar, afrontar… mmm. Puedes pensar que tales palabras suenan un poco duras, un poco rígidas, un poco mecánicas, pero son palabras que expresan el proceso de formar y desarrollar relaciones, y nuestras conexiones e interacciones con la gente no deben dejarse al azar. Necesitan intelecto y atención. Necesitan manejo.

Una niña que aprendió esto fue Katy Carr, heroína del clásico infantil del siglo XIX, *Lo que hizo Katy*. Confinada a su cama luego de un accidente, aprende las lecciones de la Escuela del Dolor, una de las cuales es que todo y todos en este mundo tienen dos manijas. Si encuentras la manija delicada, las cosas salen fácilmente, pero si tiras de la manija áspera: bueno, ya te diste una idea.

En el musical *Camelot*, el rey Arturo pregunta: «¿Cómo tener una buena relación con una mujer?». Y adivina lo que le responden: sin elogios ni amenazas, sin reflexiones ni romances. La única manera, le responde el sabio anciano, es amarla, simplemente amarla.

Y eso es todo. Sé agradable con la gente y siente el amor.